MATERNIDADE POLÍTICA E REUNIFICAÇÃO FAMILIAR DE HAITIANAS EM SC

Editora Appris Ltda.
1.ª Edição - Copyright© 2024 da autora
Direitos de Edição Reservados à Editora Appris Ltda.

Nenhuma parte desta obra poderá ser utilizada indevidamente, sem estar de acordo com a Lei nº 9.610/98. Se incorreções forem encontradas, serão de exclusiva responsabilidade de seus organizadores. Foi realizado o Depósito Legal na Fundação Biblioteca Nacional, de acordo com as Leis nos 10.994, de 14/12/2004, e 12.192, de 14/01/2010.

Catalogação na Fonte
Elaborado por: Dayanne Leal Souza
Bibliotecária CRB 9/2162

B726m
2024
	Borba, Fernanda Ely
	    Maternidade política e reunificação familiar de haitianas em SC / Fernanda Ely Borba. – 1. ed. – Curitiba: Appris, 2024.
	    173 p. : il. ; 23 cm. – (Coleção Ciências Sociais).
	
	    Inclui referências.
	    ISBN 978-65-250-7197-8
	
	    1. Migração haitiana. 2. Reunificação familiar. 3. Gênero e migração. 4. Maternidade política. 5. Narrativa. I. Borba, Fernanda Ely. II. Título. III. Série.
	
	    CDD – 325

Livro de acordo com a normalização técnica da ABNT

Appris editora

Editora e Livraria Appris Ltda.
Av. Manoel Ribas, 2265 – Mercês
Curitiba/PR – CEP: 80810-002
Tel. (41) 3156 - 4731
www.editoraappris.com.br

Printed in Brazil
Impresso no Brasil

Fernanda Ely Borba

MATERNIDADE POLÍTICA E REUNIFICAÇÃO FAMILIAR DE HAITIANAS EM SC

Appris editora

Curitiba, PR
2024

FICHA TÉCNICA

EDITORIAL Augusto Coelho
Sara C. de Andrade Coelho

COMITÊ EDITORIAL
- Ana El Achkar (Universo/RJ)
- Andréa Barbosa Gouveia (UFPR)
- Antonio Evangelista de Souza Netto (PUC-SP)
- Belinda Cunha (UFPB)
- Délton Winter de Carvalho (FMP)
- Edson da Silva (UFVJM)
- Eliete Correia dos Santos (UEPB)
- Erineu Foerste (Ufes)
- Fabiano Santos (UERJ-IESP)
- Francinete Fernandes de Sousa (UEPB)
- Francisco Carlos Duarte (PUCPR)
- Francisco de Assis (Fiam-Faam-SP-Brasil)
- Gláucia Figueiredo (UNIPAMPA/ UDELAR)
- Jacques de Lima Ferreira (UNOESC)
- Jean Carlos Gonçalves (UFPR)
- José Wálter Nunes (UnB)
- Junia de Vilhena (PUC-RIO)
- Lucas Mesquita (UNILA)
- Márcia Gonçalves (Unitau)
- Maria Aparecida Barbosa (USP)
- Maria Margarida de Andrade (Umack)
- Marilda A. Behrens (PUCPR)
- Marília Andrade Torales Campos (UFPR)
- Marli Caetano
- Patrícia L. Torres (PUCPR)
- Paula Costa Mosca Macedo (UNIFESP)
- Ramon Blanco (UNILA)
- Roberta Ecleide Kelly (NEPE)
- Roque Ismael da Costa Güllich (UFFS)
- Sergio Gomes (UFRJ)
- Tiago Gagliano Pinto Alberto (PUCPR)
- Toni Reis (UP)
- Valdomiro de Oliveira (UFPR)

SUPERVISORA EDITORIAL Renata C. Lopes
PRODUÇÃO EDITORIAL Adrielli de Almeida
REVISÃO Monalisa Morais Gobetti
DIAGRAMAÇÃO Andrezza Libel
CAPA Daniela Bauguertner
REVISÃO DE PROVA Jibril Keddeh

COMITÊ CIENTÍFICO DA COLEÇÃO CIÊNCIAS SOCIAIS

DIREÇÃO CIENTÍFICA Fabiano Santos (UERJ-IESP)

CONSULTORES
- Alícia Ferreira Gonçalves (UFPB)
- Artur Perrusi (UFPB)
- Carlos Xavier de Azevedo Netto (UFPB)
- Charles Pessanha (UFRJ)
- Flávio Munhoz Sofiati (UFG)
- Elisandro Pires Frigo (UFPR-Palotina)
- Gabriel Augusto Miranda Setti (UnB)
- Helcimara de Souza Telles (UFMG)
- Iraneide Soares da Silva (UFC-UFPI)
- João Feres Junior (Uerj)
- Jordão Horta Nunes (UFG)
- José Henrique Artigas de Godoy (UFPB)
- Josilene Pinheiro Mariz (UFCG)
- Leticia Andrade (UEMS)
- Luiz Gonzaga Teixeira (USP)
- Marcelo Almeida Peloggio (UFC)
- Maurício Novaes Souza (IF Sudeste-MG)
- Michelle Sato Frigo (UFPR-Palotina)
- Revalino Freitas (UFG)
- Simone Wolff (UEL)

A Wideline, onde tudo começou...

AGRADECIMENTOS

Cursar um doutorado interdisciplinar, e mais especificamente construir uma tese de doutorado, representou para mim um verdadeiro processo de artesania, tramada por momentos coletivos e solitários, acompanhados de minha orientadora e minha coorientadora. Mergulhei nas disciplinas epistemológicas e teórico-metodológicas, oportunidade em que pude acessar a riqueza dos debates em sala de aula, com professores e entre colegas. Os eventos científicos igualmente permitiram o diálogo com expectadores que certamente aprimoraram a tese enquanto um projeto de vida. Outro momento privilegiado nessa trama referiu-se ao estágio sanduíche na França, onde pude conhecer outras perspectivas para afinar o olhar em relação à pesquisa em andamento. Um dos momentos mais plenos da tese que deu origem a esta obra, para mim, envolveu a interação com as sementes desse estudo e com os sujeitos cognoscíveis, as e os entrevistados. Foi nessa etapa que eu pude desnudar, com toda dor e toda delícia, o objetivo de pesquisa investigado: a maternidade política das migrantes haitianas como recurso para acessar políticas públicas de reunificação familiar. Buscar as referências necessárias para estruturar a pesquisa, fazer visitas institucionais, manejar métodos e técnicas de pesquisa, analisar documentos, entrevistar pessoas... foram um momento ímpar na relação com a pesquisa.

Com essa bagagem acumulada, gradativamente voltei-me a uma relação mais intimista com o conteúdo pesquisado. Iniciada após a coleta de dados e informações, nesse momento, deparei-me com a imensidade de novelos, linhas e bordados reunidos até então, e a necessidade de tecê-los em uma tese. Essa foi uma fase mais solitária, afetuosamente acompanhada por minha orientadora, e com acompanhamento especializado de saúde mental. Nesses momentos, entrei em contato com os medos de que o processo de construir a tese envolvem — o de fracassar, de não conseguir escrever, do trabalho não ser à altura do merecimento das(os) entrevistadas(os), e das expectativas da orientadora e coorientadora —, com a exaustão do trabalho em si e com a realização de tornar a tese uma tela colorida com os referenciais coletados no estudo em questão.

Esse processo foi atravessado pela participação de muitas pessoas, desde aquelas que acompanharam uma ou alguma das etapas da elaboração do trabalho até aquelas que percorreram toda a trajetória da tessitura da tese. Podemos dizer assim que este livro, originado de minha tese de doutorado, representa um trabalho feito a muitas mãos, tornando-se fundamental as palavras de gratidão.

Agradeço encarecidamente à Universidade Federal de Santa Catarina (UFSC), pela valiosa oportunidade de poder estudar numa universidade pública, qualificadíssima, federal e gratuita. À Coordenação de Aperfeiçoamento de Pessoal de Nível Superior (Capes) e ao Programa de Doutorado Sanduíche no Exterior (PDSE), pelo programa de doutorado em si, e pela oportunidade de realizar um estágio sanduíche no exterior. Ao Programa de Doutorado Interdisciplinar em Ciências Humanas (DICH), na pessoa de todas as professoras e equipe da Secretaria, pelo nível de excelência dos serviços prestados.

À minha orientadora, professora doutora Teresa Kleba Lisboa, por conduzir-me com toda competência e ternura na travessia do curso, transmitindo-me a segurança de alcançar a tão almejada titulação. Especialmente, muito obrigada por literalmente pegar-me nos ombros nos momentos em que fraquejei, seja de medo, de adoecimento ou de exaustão, e acompanhar-me até aqui. Por tornar tudo leveza quando eu só via incerteza.

À professora doutora Joana Maria Pedro, minha coorientadora, por dedicar-se com afinco ao meu processo de aprendizado. Pela riqueza das orientações do projeto de qualificação da tese. Pela generosidade em abrir as portas do meu sonho de cursar um doutorado sanduíche, auxiliando-me na elaboração do projeto e nos contatos necessários para viabilizar essa empreitada. Pelo processo de coorientação, refinando o olhar para o que precisava ser aprimorado.

Às professoras que compuseram minha banca de doutorado, doutora Isabel Gritti, doutora Margarita Gaviria Mejia, doutora Patrícia de Morais Lima, doutora Rosana de Carvalho Freitas Martinelli (suplente interna) e Maria de Lourdes Bernartt (suplente externa), por debruçarem-se na análise e aperfeiçoamento da minha tese de doutorado. Todo o meu respeito e gratidão.

Agradeço a oportunidade de ter participado dos grupos de pesquisa Nusserge/UFSC (Núcleo Interdisciplinar de Estudos e Pesquisas em Saúde, Sexualidade e Relações de Gênero); LEGH/UFSC (Laboratório de Estudos de Gênero e História) e Arenes/CNRS UMR/Rennes 2 (Unidade Mista de Pesquisa em Ciências Humanas e Sociais). Muito obrigada pela acolhida, pelas trocas de experiências e conhecimentos, e pelo enriquecimento da formação acadêmica.

À minha amada mãe, Inêz Moura de Bruns Borba, por ser minha fortaleza durante a trajetória do doutorado. Quando era criança, e quis aprender o seu ofício, a costura, minha mãe disse-me "você vai estudar". Jamais esqueci o seu carinhoso e determinado conselho. Sou o que sou por você. Muitíssimo obrigada por cada refeição preparada antes das inúmeras viagens para as aulas, e depois para a escrita do projeto de qualificação e da tese. Por suportar minhas ausências, especialmente nos seis meses do estágio sanduíche. Por cada palavra de aconchego, cada conselho, pela preocupação e por cada oração. Por estar ao meu lado nos momentos de conquista e nos mais difíceis. Muito obrigada pela Mulher que és, e que me inspira todos os dias a seguir em frente, especialmente no curso de doutorado.

Ao meu marido, Ernesto Damo Neto, por ser meu companheiro amoroso durante o percorrer dessa jornada. Muitíssimo obrigada por efetivamente fazer parte desse curso, da minha tese e regozijar-se pela titulação; por verdadeiramente pertencer a esta tessitura, com toda a sua beleza e suas dores. Pela paciência e incentivo. Por suportar minhas ausências, sobretudo nos seis meses do estágio sanduíche.

À psicóloga doutora Andreia Luiza da Silveira, por incentivar-me a vencer o meu medo de escrever, a auxiliar-me a aquietar meus pensamentos e a explorar as capacidades que eu mesma não via. Por ser exemplo para mim. Muito obrigada! Gratidão à psicóloga Gisele Bagatini, que continuou a caminhada conduzindo-me a guiar minhas emoções de modo a superar os desafios, vencer medos e acreditar que teria condições de tornar-me uma doutora. Por elogiar reiteradas vezes meu processo de escrita. Ao meu psiquiatra, Marcelo Simi Czykiel, pelo amor compartilhado pela Ciência, e por me acompanhar na jornada do doutorado auxiliando-me a vencer a exaustão e o medo de apresentar-me em público. Embora eu tenha habilidade para expor-me em público, devido ao adoecimento, houve momentos em que eu perdi essa habilidade, e tive que me reconstruir. Gratidão a vocês, pela reconquista e manutenção da saúde mental, indispensável para concluir essa caminhada.

Na pessoa do magistrado doutor Rodrigo Fagundes Mourão, agradeço ao Poder Judiciário de Santa Catarina (PJSC), do qual sou trabalhadora há cerca de 15 anos. Estimado magistrado, muito obrigada pela confiança e incentivo aos estudos científicos, por viabilizar a minha liberação para o doutorado sanduíche, por suportar junto da Comarca e da população usuária as minhas ausências. Admiração e gratidão eternas. Antes de tudo, agradeço ao PJSC por permitir-me conhecer as experiências das migrantes haitianas recém-chegadas ao oeste catarinense, as quais foram pura inspiração para a trajetória que se materializou nesta obra. Além das agruras de labutar em uma instituição tão avançada e tão antiquada ao mesmo tempo, impelindo-me num processo contínuo de busca de conhecimento para, não somente aprimorar os serviços prestados, como entender as contradições institucionais.

Sem palavras para expressar minha gratidão e profunda admiração a cada uma das pessoas entrevistadas para a minha tese. Pela confiança e disponibilidade em revelar informações tão delicadas e preciosas sobre sua vida, sua família, sua história e realidade. Pelo tempo despendido comigo para verbalizar sobre sua jornada extremamente desafiadora e corajosa. Meus agradecimentos também a cada semente da pesquisa, que me possibilitou conhecer uma entrevistada. Padre Phillipe Roche, Cláudia Priscilla Chupel dos Santos, Janaína Santos, Paulo Francisco Júnior são algumas das sementes às quais externalizo minha profunda gratidão. Notadamente Sandra Bordignon merece um agradecimento muito especial por além de ser semente desta obra, estar sempre disponível, mesmo antes do curso de doutorado, a atender minhas dúvidas, apresentar-me todas as informações ao seu alcance em matéria de migração haitiana, além de apresentar-me a pessoas importantes para a pesquisa. Muitíssimo obrigada!

No estágio sanduíche na França sou eternamente grata ao sempre gentil professor doutor Luc Capdevila, por receber-me em seu país natal, ambientar-me na Universidade de Rennes, a introduzir-me no núcleo de pesquisa do qual é pertencente, orientar-me na pesquisa de campo e ter paciência com o "meu francês super brasileiro"! À Luciana Gransotto, colega de estágio que me antecedeu, pela imensa generosidade e paciência em ceder-me todas as informações ao seu alcance para tornar meu processo de estágio sanduíche o mais leve e menos burocrático possível. Ao querido Gildas Bregain, por compartilhar conhecimentos e auxiliar-me na pesquisa de campo, por organizar um seminário para tratarmos da temática de gênero, sempre acolhendo-me de forma tão atenciosa. À Tauana Gomes Silva, por receber-me em sua casa e acompanhar-me em lugares lindíssimos, com conversas entremeadas pelos "perrengues" enfrentados no doutorado. Ao meu querido amigo Cyrrile N'Depo, por ser meu suporte emocional e me introduzir em seu amado grupo de amigos(as) da Costa do Marfim, pelo qual me sinto muito honrada. Ao conselheiro M. Melodin, da Embaixada do Haiti na França, por receber-me gentilmente e auxiliar-me na pesquisa de campo.

Gratidão imensa às minhas amigas que me acompanharam em parte ou em todo o decorrer do doutorado: à amiga querida e professora de francês, Mayara Marinho, pelo estímulo ao aprendizado da língua francesa de forma vibrante e dinâmica; à Dona Marta (*in memoriam*) e Luciana, por me hospedarem em sua casa durante cerca de dois anos, no decorrer das disciplinas do doutorado, e vivenciarem comigo as agruras e alegrias dessa jornada; às queridas amigas e colegas da turma do doutorado, Flávia Ramos e Monique C. C. Schimidt, por compartilharem comigo momentos muito especiais no decorrer do curso; às queridas amigas do PJSC, Ângela Daltoé Tregnago, pela leitura atenta da tese e por acompanhar-me durante toda a jornada do curso, e Cláudia Liliane Viana, por compartilhar "os perrengues" pré e durante o doutorado. Amo vocês!

Ao final desse processo de artesania, agradeço especialmente à Nayara Monteiro de Lima, por dar seus arremates finais à tese por meio das correções ortográficas e de ABNT, abrilhantando esta obra incessantemente inacabada.

CARTA ÀS MÃES HAITIANAS:
O MUNDO VIVE UM APARTHEID REAL

Prezadas mães haitianas[1],

Nesta semana, tive calafrios quando li um informe da ONU mostrando com detalhes como suas filhas e filhos estão sendo queimados vivos, como estupros coletivos se multiplicam, como a violência fechou centenas de escolas, impediu o atendimento de saúde e, mais uma vez, adiou o futuro. Apenas no mês de abril, foram mais de 600 assassinatos no Haiti.

Mas o verdadeiro choque foi quando eu disparei ligações a missões diplomáticas de diversos países para tentar entender onde estava o pedido que o governo do Haiti havia feito em outubro por ajuda internacional. A solicitação, me disseram, estava estagnada diante da recusa dos países ricos em enviar seus soldados para a região. Um desses embaixadores me disse: "o Haiti não tem solução".

O abandono, porém, não é apenas militar. Para a crise humanitária que abala o país, a ONU pediu 718 milhões de dólares para sair ao socorro da população local. Estamos quase na metade do ano e a entidade apenas recebeu de doadores 11% do valor solicitado. Em educação, foram solicitados 50 milhões de dólares. Mas o país não recebeu um centavo sequer. Para assegurar água potável, saneamento e higiene, o plano recebeu apenas 2,5% do necessário.

O maior cheque seria para garantir alimentos. Dos 400 milhões de dólares que a ONU precisava para isso, ela recebeu escandalosos 1,2% do valor. Em cinco meses, a Ucrânia já recebeu em ajuda humanitária mais que todo o recurso que o Haiti precisaria para o ano de 2023.

Escrevo a vocês com a triste constatação de que sua crise é ignorada pelo mundo. Sequer encontra espaço para a capa dos jornais. Não mobiliza recursos e nem tropas. Escrevo para lhes dizer que a morte de seus filhos é o espelho da hipocrisia das nações supostamente civilizadas. Em cada assassinato está o atestado de óbito de políticas externas que, no papel, se apresentam como bússolas da democracia e dos Direitos Humanos.

---

[1] CHADE, Jamil. Carta as Mães Haitianas: o mundo vive um apartheid real. 14/05/2023. Disponível em: https://noticias.uol.com.br/colunas/jamil-chade/2023/05/14/carta-as-maes-haitianas-o-mundo-vive-um-apartheid-real.htm. Acesso em: 13 maio 2025.

Neste domingo, em que famílias se reúnem para celebrar vocês, mães, deixo aqui minha solidariedade e indignação.

Em muitos aspectos, o mundo vive um apartheid real. Silencioso? Apenas para os surdos. Ou, como diria Nelson Rodrigues, o pior cego é aquele que não quer ver. E o mundo opta por não querer ver o deficit de humanidade em zonas que, se estão no mapa, parecem ter desaparecido da consciência coletiva.

O Haiti das filhas e filhos de vocês é um desses locais. Não há fatalidade. Certamente a disputa doméstica por poder, a corrupção, terremotos, furacões e o colapso do Estado contribuíram para a condição do país. Mas uma recente reportagem do jornal The New York Times revelou o que historiadores e a população local já sabem há anos: a comunidade internacional fez o Haiti de refém, com perdas que podem somar oito vezes seu próprio PIB atual.

O pagamento do resgate pela revolução de 1791 transformou o que era uma das colônias mais rentáveis do mundo em uma dívida impagável. Assim relata o New York Times:

> "Por gerações após a independência, os haitianos foram forçados a pagar os descendentes de seus antigos senhores de escravos, incluindo a imperatriz do Brasil, o genro do imperador russo Nicolau I, o último chanceler imperial da Alemanha e Gaston de Galliffet, o general francês conhecido como o 'açougueiro da Comuna' por esmagar uma insurreição em Paris em 1871. Os encargos continuaram até o século XX. A riqueza que os ancestrais da Sra. Present extraíram do solo trouxe grandes lucros para um banco francês que ajudou a financiar a Torre Eiffel, o Crédit Industriel et Commercial, e seus investidores. Eles controlaram o tesouro do Haiti de Paris por décadas, e o banco acabou se tornando parte de um dos maiores conglomerados financeiros da Europa. As riquezas do Haiti também atraíram Wall Street, proporcionando grandes margens de lucro para a instituição que acabou se tornando o Citigroup. Isso afastou os franceses e ajudou a estimular a invasão americana do Haiti — uma das mais longas ocupações militares da história dos Estados Unidos".

Hoje, quando escuto que "o Haiti não tem solução", a realidade é que há quem queira fazer vingar a narrativa de que seus filhos nasceram em uma latitude que determina seu destino. Uma cômoda e mentirosa forma de abafar a história, seus lucros e suas responsabilidades.

Diante de mães que testemunham seus filhos perambulando pelas fronteiras do continente para sobreviver, resgato como Aimé Césaire certa vez escreveu que a "negritude no Haiti se levantou pela primeira vez e disse que acreditava em sua humanidade".

Hoje, ao ser abandonado, o país não testa a existência da humanidade de suas mães e cidadãos. Mas o da própria comunidade internacional.

Saudações democráticas,
Jamil Chade.

14 de maio de 2023

LISTA DE ABREVIATURAS E SIGLAS

AC	Acre
Acled	Projeto de Dados de Localização e Eventos de Conflitos Armados
Acnur	Agência da Organização das Nações Unidas para Refugiados
AM	Amazonas
ARENES/CNRS UMR	*Unité Mixte de Recherche en Sciences Humaines et Sociales*
BBC	*British Broadcasting Corporation*
CADH	Convenção Americana de Direitos Humanos
Capes	Coordenação de Aperfeiçoamento de Pessoal de Nível Superior
Cepal	Comissão Econômica para a América Latina e o Caribe
CGIL	Coordenação-Geral de Imigração Laboral
CGPMIG	Coordenação-Geral de Política Migratória
CIDH	Corte Interamericana dos Direitos Humanos
Conanda	Conselho Nacional dos Direitos da Criança e do Adolescente
Conare	Comitê Nacional para Refugiados
Corte IDH	Corte Interamericana de Direitos Humanos
Covid-19	*Coronavirus Disease - 2019*
Cras	Centro de Referência de Assistência Social
CPF	Cadastro de Pessoa Física
Demig	Departamento de Migração
Dieese	Departamento Intersindical de Estatística e Estudos Socioeconômicos

DPU	Defensoria Pública da União
EGE	Estudos de Gênero
GZH	Gaúcha Zero Hora
HIV/Aids	Vírus da Imunodeficiência Humana / Síndrome da Imunodeficiência Adquirida
IDH	Índice de Desenvolvimento Humano
LEGH	Laboratório de Estudos de Gênero e História
Minustah	Missão das Nações Unidas para a Estabilização do Haiti
MJ	Ministério da Justiça
MJSP	Ministério da Justiça e Segurança Pública
MRE	Ministério das Relações Exteriores
Nusserge	Núcleo Interdisciplinar de Estudos e Pesquisas em Saúde, Sexualidade e Relações de Gênero
OBmigra	Centro de Pesquisa Aplicada em Dinâmica Migratórias
OEA	Organização dos Estados Americanos
OFII	*Office National d'Immigration*
OIM	Organização Internacional das Migrações
ONU	Organização das Nações Unidas
PAFHA	Plataforma de Associações Franco-Haitianas
PIB	Produto Interno Bruto
Pnud	Programa das Nações Unidas para o Desenvolvimento
PSDE	Programa de Doutorado Sanduíche no Exterior
PR	Paraná
Prograd	Pró-Reitoria de Graduação e Educação Básica
PT	Partido dos Trabalhadores
RD	República Dominicana

Reshape	Plataforma On-line para Conversão de Material para Novos Formatos
RH	Recursos Humanos
RS	Rio Grande do Sul
SC	Santa Catarina
SIDH	Sistema Interamericano de Direitos Humanos
SP	São Paulo
s/p	sem página
SSAE	Serviço Social de Ajuda aos Emigrantes
STF	Supremo Tribunal Federal
UFBA	Universidade Federal da Bahia
UFFS	Universidade Federal da Fronteira Sul
UFSC	Universidade Federal de Santa Catarina

SUMÁRIO

INTRODUÇÃO 23

CAPÍTULO 1
O CONTEXTO SOCIOECONÔMICO, POLÍTICO E AMBIENTAL QUE ATRAVESSA A HISTÓRIA HAITIANA E OS REFLEXOS PARA AS FAMÍLIAS TRANSNACIONAIS 33
    1.1 BREVE RESGATE HISTÓRICO DA MIGRAÇÃO HAITIANA PARA O BRASIL 33
    1.2 FEMINIZAÇÃO DAS MIGRAÇÕES INTERNACIONAIS A PARTIR DA EXPERIÊNCIA HAITIANA 38
        1.1.1 Apresentando as(os) migrantes entrevistadas(os) 42
        1.1.2 As origens das(os) migrantes haitianas(os) entrevistadas(os) 47
        1.1.3 Que atividade remunerada as(os) haitianas(os) exerciam no Haiti 50
        1.1.4 Um olhar para agrupamento familiar das migrantes haitianas 51
        1.1.5 As razões para migrar para o Brasil segundo as(os) migrantes haitianas(os) .. 53
        1.1.6 Como era a vida das(os) haitianas(os) entrevistadas(os) no país de origem ... 59
        1.1.7 O adoecimento físico e mental das haitianas frente ao cenário desfavorável no Haiti 61
        1.1.8 A migração para a República Dominicana como uma alternativa de sobrevivência para as haitianas 62
        1.1.9 O percurso migracional das(os) haitianas(os) entrevistadas(os) 65
        1.1.10 Chegada das haitianas ao Brasil: apoios e adaptação 68
    1.2 A MIGRAÇÃO POR DEPENDÊNCIA: COMPREENSÃO DA DIÁSPORA HAITIANA PARA A REGIÃO SUL DO BRASIL 71

CAPÍTULO 2
EPISTEMOLOGIAS FEMINISTAS COMO CONSTRUCTO DE UM CAMINHO METODOLÓGICO 79
    2.1 EPISTEMOLOGIAS FEMINISTAS ABRINDO ESPAÇOS PARA A PESQUISA EMPÍRICA 79
    2.2 EPISTEMOLOGIAS NEGRAS E A INTERSECCIONALIDADE NO PERCURSO DAS IMIGRANTES HAITIANAS 83
    2.3 VIVÊNCIAS DE RACISMO E XENOFOBIA DAS(OS) HATIANAS(OS) EM BUSCA DA REUNIFICAÇÃO FAMILIAR NO BRASIL E EM OUTROS PAÍSES 89
    2.4 ITINERÁRIO METODOLÓGICO DA PESQUISA EMPÍRICA 93

CAPÍTULO 3
A REUNIFICAÇÃO FAMILIAR COMO POLÍTICA PÚBLICA: A TRAJETÓRIA DAS FAMÍLIAS HAITIANAS PARA REAGRUPAR A FAMÍLIA 107
3.1 POLÍTICAS DE REUNIFICAÇÃO FAMILIAR: MODELOS DA FRANÇA E DO BRASIL 107
3.1.1 A política de *Regroupement Familial* francesa 107
3.1.2 Os procedimentos para efetivar a reunificação familiar na França 112
3.2 A POLÍTICA DE REUNIÃO FAMILIAR BRASILEIRA............................. 115
3.2.1 Os procedimentos para efetivar a reunificação familiar no Brasil.......... 125
3.3 PROCESSOS DE REUNIFICAÇÃO FAMILIAR: PRINCIPAIS ENTRAVES........ 129

CAPÍTULO 4
MATERNIDADE POLÍTICA E AS POSSÍVEIS RESPOSTAS À QUESTÃO DE PESQUISA 141
4.1 MATERNIDADES POLÍTICAS COMO CATEGORIA MEDIADORA DA MATRIPOTÊNCIA E DA EXPERIÊNCIA DAS IMIGRANTES HAITIANAS 141
4.2 RESPONDENDO À QUESTÃO DE PESQUISA: MATERNIDADE POLÍTICA COMO EXPRESSÃO DA FORÇA DAS MIGRANTES HAITIANAS PARA A REUNIFICAÇÃO FAMILIAR 146

CONCLUSÃO 153

REFERÊNCIAS..157

INTRODUÇÃO

Esta obra é resultado da tese oriunda da trajetória intelectual e da atitude filosófica desta autora, que desde a origem na graduação em Serviço Social realizada na Universidade Federal de Santa Catarina (UFSC), descobriu-se como sujeito crítico e questionador dos fenômenos sociais, especificamente ligados às desigualdades sociais.

Sou uma mulher parda, latino-americana, natural da Região Noroeste do Rio Grande do Sul, estado federativo brasileiro situado na Região Sul do país. Servidora pública do Tribunal de Justiça de Santa Catarina há cerca de 15 anos, exerço o cargo de assistente social. Iniciei o trabalho em Comarcas do Oeste catarinense, primeiramente em Itá, e, em seguida, em Chapecó, permanecendo nesta última por aproximadamente oito anos e meio. No ano de 2020, removi-me para a Comarca de Porto Belo, no litoral catarinense.

A Região Sul do Brasil[2] é caracterizada pelas diversidades étnica e racial, abrangendo desde nativos de povos indígenas originários da região, afrodescendentes e quilombolas a descendentes de imigrantes europeus. Quanto a estes últimos, no litoral, acentua-se a colonização açoriana. Ao passo que, nas cidades do interior, predominam as descendências italiana, alemã e polonesa.

Portadora de um dos melhores Índices de Desenvolvimento Humano (IDH)[3] do Brasil, a Região Sul brasileira tem atraído nas últimas décadas migrantes de diversas nacionalidades latino-americanas, que têm procurado o país em busca de melhores condições de vida. Nesse panorama, é importante contextualizar que as gradativas restrições das migrações impostas pelos países do Norte Global desde o atentado de 11 de setembro de 2001 incidiram na reorientação dos movimentos migratórios em caráter global. Paulatinamente, tem havido o deslocamento das rotas migratórias do eixo Sul-Norte Global, para o eixo Sul-Sul Global. É nesse cenário que o Brasil tem despontado como uma atrativa rota para migrantes haitianos(as) e venezuelanos(as)[4] (Araújo; Almeida, 2019).

---

[2] A Região Sul do Brasil é composta pelos estados do Rio Grande do Sul, Santa Catarina e Paraná. Faz fronteira com os países do Uruguai, Argentina e Paraguai.

[3] Índice utilizado pelo Programa das Nações Unidas para o Desenvolvimento (Pnud) para classificar os países membros de acordo com o grau de desenvolvimento humano. Disponível em: https://www.undp.org/pt/brazil/o-que-e-o-idh. Acesso em: 25 maio 2024.

[4] Fala do professor Andrew Selee na Conferência "Migration in the Americas: Divergent Policy Responses in an Era of Increased Movement across Border", presidente do Migration Policy Institute a Washington, no Congresso Institut des Amériques em 9 de outubro de 2019, Paris, França.

Uma das mais significativas ondas migratórias contemporâneas no Brasil é de origem haitiana, cuja nação destaca-se pelo histórico e sistemático abandono da comunidade internacional (Chade, 2023). Impulsionada especialmente a partir do ano de 2010, em razão da confluência de acontecimentos de ordem política, econômica e ambiental, e pela necessária reparação ante um processo complexo de exploração por múltiplos países (Chade, 2023), a migração haitiana tem elegido como rota migratória privilegiada a Região Sul do Brasil. Santa Catarina tem se destacado como um dos principais receptores de migrantes haitianos(as). E, nesse último estado, a Região Oeste revela-se como uma atrativa rota migratória em razão da empregabilidade decorrente, em especial, por parte das agroindústrias (Zeni; Fillipin, 2014; Mejía; Bortoli; Lappe, 2015; Piovezana et al., 2015; Roman; Matos, 2018). Esse foi o marco inicial da nossa pesquisa, que foi se ampliando para a região litorânea de Santa Catarina a partir do processo de coleta de dados.

Na Região Oeste catarinense, segundo Piovezana e colaboradores (2015), o movimento migratório haitiano tem se caracterizado por três principais fases: a) movimento masculino, impulsado no ano de 2011 por empresas que foram em busca de imigrantes haitianos para a contratação como força de trabalho; b) movimento feminino, com a chegada das imigrantes haitianas, a maior parte para acompanhar os maridos que já haviam se instalado no Brasil; e c) chegada dos(as) filhos(as) dos(as) imigrantes haitianos(as).

Os autores observam que nessa região brasileira há significativa presença de migrantes haitianas, sendo que parte delas tem migrado de forma individual[5]. Apesar disso, estudo realizado por Mejía, Bortoli e Lappe (2015) sobre a migração haitiana observou diferenças em relação às expectativas diante do projeto migratório para homens e mulheres. Os homens haitianos geralmente almejam a formação educacional, a autonomia e a independência financeira. As mulheres haitianas, por sua vez, migram especialmente para oferecer melhores condições de vida para os filhos e demais familiares.

A partir da onda migratória haitiana para o Sul brasileiro, é possível analisar os contornos de gênero que têm delineado os movimentos migratórios globais na contemporaneidade, com o destaque para a feminização das migrações internacionais, a transnacionalização das famílias e os esforços para a reunificação familiar (Ramos, 2012; Mejía; Bortoli; Lappe, 2015; Araújo; Almeida, 2019; Joseph, 2015).

---
[5] Peres e Baeninger (2016) corroboram o observado, mencionando que boa parte das migrantes haitianas radicadas no Brasil é solteira, não chegando ao país apenas com o propósito de reunificação familiar com cônjuges ou filhos(as).

Em linhas gerais, essa foi a trajetória que selou o meu encontro com os dramas vividos por migrantes haitianas radicadas em Chapecó, e, posteriormente, na região litorânea de Santa Catarina, para reaver a convivência familiar com seus(suas) filhos(as). Nesse sentido, uma das experiências profissionais mais mobilizadoras para mim, centrou-se na chegada das(os) migrantes haitianas(os) para trabalhar no parque industrial de Chapecó e região, e nos desafios postos pelos choques cultural, étnico e racial, com o olhar direcionado para as questões de gênero.

Não tardou o ingresso de ações judiciais nas áreas cíveis e criminais envolvendo migrantes haitianas. Algumas das situações mais emblemáticas referiram-se à feminização da migração haitiana e suas intersecções, à manutenção de vínculos com os(as) filhos(as), às violências de gênero, à transnacionalização dos laços familiares e à incidência da violência estrutural[6] contra as migrantes haitianas.

Preliminarmente, foi possível observar a ausência de políticas públicas migratórias que dessem suporte às migrantes haitianas. Assim, a principal retaguarda às mulheres haitianas foi mediada pelo ingresso no mercado formal de trabalho, aliada ao rápido aprendizado da língua portuguesa. As chances de mães haitianas serem parte em algum processo judicial envolvendo seus(suas) filhos(as) ao se tratar de disputas de guarda e responsabilidade, acolhimento institucional ou familiar, destituição do poder familiar, medida protetiva de urgência para a mãe e a criança, pareceram ser maiores. Principalmente quando se tratava de mães radicadas em Chapecó, pois estavam desvinculadas do mercado de trabalho e limitadas na compreensão da língua portuguesa e, consequentemente, da lógica de funcionamento da rede de serviços públicos e privados. A partir daí, a inserção na rota de monitoramento dos serviços do Sistema de Garantia de Direitos[7] até a judicialização da situação nas Varas de Infância e Juventude e Violência Doméstica do Poder Judiciário, foi questão de tempo.

---

[6] É entendida por Minayo (1994) como violência oriunda de estruturas organizadas e institucionalizadas, naturalizada e oculta em estruturas sociais, que se expressa na injustiça e na exploração conduzindo à opressão dos indivíduos.

[7] A ideia de estruturação de um sistema de garantia de direitos, na área da criança e do adolescente, foi evocada pela primeira vez por Wanderlino Nogueira no III Encontro Nacional da Rede de Centros de Defesa, realizado em 1992. Em 2006, a Secretaria Especial dos Direitos Humanos e o Conselho Nacional dos Direitos da Criança e do Adolescente (Conanda) assinaram conjuntamente a Resolução nº 113, que dispõe sobre parâmetros para a institucionalização e o fortalecimento do Sistema de Garantia dos Direitos da Criança e do Adolescente. Esse sistema articula e integra em rede as instâncias públicas governamentais e da sociedade civil, a partir de três eixos estratégicos de ação na área dos Direitos Humanos: I — da defesa; II — da promoção; e III — do controle de sua efetivação (Baptista, 2012, p. 179-199).

Foi justamente esse campo paradigmático que me instigou a olhar para os vínculos familiares entre haitianas(os) e seus(suas) filhos(as) de uma outra perspectiva. Ou seja, o lugar denso, angustiante e marcado por dúvidas e perplexidades de alguém que atua em processos judiciais envolvendo essas pessoas em território brasileiro foi o que me motivou a conhecer, a aprender mais, sobre as situações em que haitianas(os) e seus(suas) filhos(as) conseguem a reunificação familiar, a partir de políticas públicas migratórias destinadas a tal fim.

O impulso para transformar a curiosidade intelectual suscitada pela experiência profissional com as(os) migrante(s) haitianas(os) em um projeto de pesquisa foi justificado por duas principais motivações. A primeira de, a partir da alegoria da estrangeira migrante, negra, empobrecida, vulnerabilizada, contribuir para o poder judiciário desvelar a misoginia e o racismo que persistem em rondar o deslinde dos processos judiciais envolvendo migrantes de modo geral, tanto brasileiras quanto haitianas, como também mulheres de outras nacionalidades radicadas no Brasil. Isto é, instigar o exercício antropológico de, a partir daquilo que é distante, é estrangeiro, desnaturalizar o preconceito e a discriminação nativas. A segunda motivação foi de, a partir da experiência haitiana, contribuir para um modelo de reflexão interseccional que possa ser aplicado também a situações envolvendo mulheres indígenas, quilombolas, e de outras marcações étnicas, raciais, de nacionalidade, territoriais, o que foi inspirado no exercício conceitual de Patrícia Hill Collins de articular a interseccionalidade a um projeto de justiça social (Collins, 2017).

Compelida por tal cenário, debrucei-me na escrita de artigo científico apresentado no Simpósio Temático "Pensamento das Mulheres Negras na Diáspora", no 13º Mundo de Mulheres e 11º Fazendo Gênero, realizado na UFSC no ano de 2017. As contribuições das coordenadoras e participantes do referido Simpósio, somadas à ebulição das experiências e dos escritos em torno dos dramas vividos pelas(os) migrante(s) haitianas(os) radicadas(os) em Chapecó (SC) para reaver a convivência familiar com os(as) filhos(as), materializou-se no projeto de tese desenvolvido no Programa de Doutorado Interdisciplinar em Ciências Humanas da UFSC.

Desse percurso, emergiu como interesse conhecer a migração haitiana da perspectiva de gênero, analisando o reflexo da violência estrutural para a transnacionalização dos vínculos familiares de migrantes haitianas (Mejía; Bortoli; Lappe, 2015; Mejía; Cazarotto, 2017), pois ao emigrarem por força da sobrevivência, tais migrantes podem se ver afastadas dos vínculos familiares. Com isso, irrompeu uma profusão de questões motivadoras do estudo, dentre elas: como se dá a transnacionalização dos vínculos familiares de migrantes haitianas(os)? Uma vez radicadas(os) em Santa Catarina, quais são as dificuldades enfrentadas por elas(es) para retomar a convivência familiar com os(as) filhos(as)? Existem mecanismos que favoreçam essa reaproximação? Por parte do Estado brasileiro, existem políticas públicas de reunificação familiar? Em que medida as políticas públicas existentes no Brasil contribuem para a reunificação familiar das(os) migrantes haitianas(os)? Como ocorrem as reunificações familiares de migrantes haitianas(os) que residem atualmente na Região Sul do Brasil?

Posto isso, importante é contextualizar a riqueza do espaço interdisciplinar para o aprofundamento dos estudos da temática proposta. De acordo com Leff (2000, p. 22), a interdisciplinaridade consiste em:

> Um processo de inter-relação de processos, conhecimentos e práticas que transborda e transcende o campo da pesquisa e do ensino no que se refere estritamente às disciplinas científicas e a suas possíveis articulações. Dessa maneira, o termo interdisciplinaridade vem sendo usado como sinônimo e metáfora de toda interconexão e "colaboração" entre diversos campos do conhecimento e do saber dentro de projetos que envolvem tanto as diferentes disciplinas acadêmicas, como as práticas não científicas que incluem as instituições e atores sociais diversos.

Lovo, Mendes e Tybusch (2010, p. 134) argumentam que na confluência das definições do que é interdisciplinaridade, é possível caracterizar tal abordagem como um processo, uma construção conjunta, onde diversas disciplinas e autores dialogam na percepção de um objeto de forma profunda, conectando as dimensões do espaço e do tempo, da teoria e da prática, mesclando as fronteiras interdisciplinares.

Peres (2016), Oliveira e Silva (2016) e Araújo e Almeida (2019) apontam que ainda existem poucos estudos migratórios com enfoque de gênero. No mesmo paralelo, Chade (2023) — em carta redigida às mães haitianas — chama a atenção para o abandono do país pela comunidade internacional em temáticas como o combate às violências, a saúde, a educação e a alimentação. Nesse sentido, o meu interesse foi analisar as migrações sob o protagonismo das mulheres negras afrodiaspóricas e, nesse meandro, a experiência haitiana é riquíssima para trazer novos subsídios sobre a temática a que se propõe esta pesquisa. Nessa perspectiva, no transcorrer do estudo ora proposto, surgiram outras questões: o que as políticas públicas entendem por maternidade para as migrantes haitianas? A maternidade, para as migrantes haitianas, pode se configurar num mecanismo para contribuir no acesso a um status de cidadania? Esse percurso levou à maturação do seguinte problema de pesquisa: **como as(os) migrante(s) haitianas(os) radicadas(os) em Santa Catarina utilizam da maternidade para acessar políticas públicas de reunificação familiar?**

Por conseguinte, a pesquisa realizada nesta obra almejou: reconstruir os usos políticos da maternidade utilizados pelas(os) migrante(s) haitianas(os) instaladas(os) em Santa Catarina para acessar políticas de reunificação familiar, com vistas a retomarem a convivência familiar com os(as) filhos(as). Para isso, houve a recuperação das narrativas de migrante(s) haitianas(os) radicadas(os) em Santa Catarina — iniciando na cidade de Chapecó e extrapolando para outros municípios catarinenses —, a fim de reaver a convivência familiar com os(as) filhos(as); e o conhecimento das políticas públicas afiançadas pelo Brasil e pela França para contribuir na reunificação familiar entre tais migrantes e seus(suas) filhos(as). Em consequência, esta pesquisa foi movida a partir do compromisso ético-político de analisar os processos migratórios da perspectiva de gênero, aliando-se às preocupações sinalizadas por Araújo e Almeida (2019) acerca da necessidade de maior visibilidade das questões relativas à feminização das migrações internacionais.

É nesse panorama que se justificou, na presente pesquisa, o recorte dos sujeitos cognoscíveis[8] a partir das migrantes haitianas e seu(s)/sua(s) filho(s)/filha(s) para analisar as perspectivas de reunificação familiar, posto que, na maior parte das situações, são as mulheres que mobilizam tais processos[9]. Entretanto, à medida que a pesquisa empírica foi se desenvolvendo, os testemunhos dos homens também foram incluídos, por razões que serão explicitadas mais adiante.

Por outro lado, os referenciais teórico e epistemológicos eleitos nesta pesquisa convergiram para os estudos subalternos, eticamente comprometidos em canalizar as vozes das mulheres negras, indígenas, quilombolas

---

[8] Ao tratar das epistemologias feministas, Salgado (2008) explicita que a participação das mulheres como sujeitos cognoscíveis rompe com a hierarquização do conhecimento e a assimetria proveniente da relação sujeito/objeto de pesquisa. Assim, a experiência das mulheres é abordada considerando-as como sujeitos ativos do processo de construção do conhecimento.

[9] Importante salientar que as entrevistas realizadas no desenvolvimento da tese de doutorado apontaram que a iniciativa de reunificação familiar está centrada principalmente na figura das migrantes haitianas entrevistadas.

e de outras marcações, historicamente silenciadas tanto no que se refere à esfera da produção de conhecimento científico quanto na formulação de políticas públicas. Recorremos, assim, às Epistemologias Feministas, e dentro delas, a epistemologia feminista negra e a interseccionalidade, articuladas ao referencial teórico-metodológico das narrativas, enquanto mediações teóricas para viabilizar o conhecimento imensurável que as(os) migrante(s) haitianas(os) participantes desta pesquisa têm a nos ensinar.

Outrossim, importante registrar que fui aprovada para a realização de estágio doutoral sanduíche na Universidade Rennes 2, na França, cuja data de realização compreendeu os meses de março a setembro de 2021. O plano de estudos de tal estágio foi intitulado por "Reunir é possível? A feminização das migrações internacionais, a transnacionalização das famílias de migrantes haitianas e as políticas de reunificação familiar na França" e objetivou conhecer as políticas, ações e serviços franceses destinados à reunificação familiar de migrantes radicadas(os) naquele país e os(as) filhos(as) que permaneceram no local de origem, sistematizando metodologias, práticas e rotinas existentes.

A partir dessa oportunidade, foi possível conhecer as políticas de reunificação familiar francesas e, em paralelo a isso, aproximar-me de referenciais que qualificaram teórico-metodologicamente a proposta de estudo sobre as narrativas das(os) migrante(s) haitianas(os). Considerando-se que a França é o "berço das artes"[10], além de referenciais teóricos, estabelecemos um diálogo com referenciais artísticos, idealizando como um possível resultado dessa proposta de tese de doutorado fomentar a transformação das narrativas das(os) entrevistadas(os) em expressões artísticas, tais como contos, apresentação teatral, documentário, entre outras. Cremos que esta seria uma ferramenta poderosa para impulsionar a transformação das mentalidades dentro e fora do Poder Judiciário sobre questões raciais, de gênero, de nacionalidade, de classe, de religiosidade e outras quanto ao tema proposto.

Há alguns anos, participei de um dos primeiros almoços de confraternização da Associação de Haitianos(as) em Chapecó, e naquela ocasião, aprendi muito sobre a cultura, a gastronomia e a história do Haiti. Em especial, aprendi que o Haiti foi o primeiro país da América Latina a se libertar da dominação colonial. Desde então, esse país tem sofrido

---

[10] Ver mais em: PARIS não se acaba nunca: berço das revoluções, das artes e da primavera. **Uol**, Midiamax, 23 nov. 2016. Disponível em: https://midiamax.uol.com.br/variedades/2016/paris-nao-se-acaba-nunca-berco-das-revolucoes-das-artes-e-da-primavera/. Acesso em: 26 jun. 2024.

inúmeras retaliações das potências colonizadoras[11] e pelas gangues internas, que dissipam violências extremas principalmente contra crianças e mulheres, repercutindo na migração por dependência como uma das poucas alternativas de sobrevivência econômica da nação.

Como dito anteriormente, o aporte das Epistemologias Feministas e, dentre elas, a epistemologia feminista negra e a interseccionalidade, em conjunto com o referencial metodológico das narrativas, potencializou a voz dessas mulheres (e homens) em direção ao aprendizado de meios que possibilitem alcançarmos um patamar de igualdade de gênero e racial. Nesse contexto, a fim de evidenciar as narrativas dos(as) entrevistados(as), preservando a confidencialidade dos dados, recorri a codinomes para me referir às(aos) entrevistadas(os): Marielle e Aquiles; Dandara e Zélio; Conceição e Machado; Ângela e Luiz; Antonieta e Francis; Tereza e Nascimento; Tiago; Leila; Sueli; Jane; Beatriz; Ivanor e Carolina; Catarina e José; e padre João.

Na continuidade desta introdução, esta obra foi composta por quatro principais capítulos, arrematados pelas considerações finais. Dessa forma, o Capítulo 1 versou sobre o cenário socioeconômico e político que perpassa a história haitiana e os reflexos para as famílias transnacionais. Iniciou-se com uma breve retomada do histórico da migração haitiana para o Brasil. Também é especificado o perfil das haitianas entrevistadas para esta obra. Suas origens, núcleo familiar e motivações para a migração igualmente são abordados. O adoecimento físico e mental no Haiti, a migração para a República Dominicana e a chegada delas ao Brasil também são pontuadas. Especifica a feminização das migrações internacionais, com ênfase na experiência haitiana; perpassando pela migração por dependência a fim de compreender a diáspora haitiana para a Região Sul do Brasil.

Já no Capítulo 2, foram abordadas as Epistemologias Feministas como constructo de um caminho metodológico. Sobrevêm as Epistemologias Feministas abrindo espaços para a pesquisa empírica. Dentre estas Epistemologias, as Negras e a Interseccionalidade auxiliam o aprofundamento da compreensão da dinâmica do nosso objeto de pesquisa. Nas vivências de racismo enfrentadas pelas(os) haitianas(os) na busca da reunião familiar no Brasil e em outros países. Esse capítulo se encerra ainda com a apresentação detalhada do itinerário metodológico da pesquisa empírica.

---

[11] Chade (2023) apontou a exploração francesa e estadunidense contra o Haiti.

O Capítulo 3 vem apresentar, por conseguinte, as políticas de reunificação familiar adotadas na França e no Brasil, seguindo-se dos procedimentos para efetuar a reunião familiar em cada um desses países. Além disso, apresenta os principais desafios dos processos de reunificação familiar que já foram concluídos.

Por fim, o Capítulo 4 aborda a maternidade política e as políticas de reunificação familiar, pontuando-se as maternidades políticas como expressão da força das(os) migrante(s) haitianas(os) para reagrupar a família. É nesse capítulo que nos centramos em responder aos principais problemas de pesquisa elencados anteriormente. Enfatizo, dessa forma, que os capítulos são permeados pelas narrativas das entrevistadas conforme a coleta de pesquisa empreendida, além de trazer algumas reportagens pesquisadas nos principais portais eletrônicos de notícias que fazem uma cobertura especial sobre a questão haitiana. O desfecho da obra, portanto, dar-se-á nas Considerações Finais, em que apresentamos as principais conclusões da pesquisa empreendida, os principais desafios e facilitadores em sua consecução. E, por fim, trazemos sugestões de novas temáticas de estudo e pesquisa derivadas deste trabalho.

CAPÍTULO 1

O CONTEXTO SOCIOECONÔMICO, POLÍTICO E AMBIENTAL QUE ATRAVESSA A HISTÓRIA HAITIANA E OS REFLEXOS PARA AS FAMÍLIAS TRANSNACIONAIS

1.1 BREVE RESGATE HISTÓRICO DA MIGRAÇÃO HAITIANA PARA O BRASIL

> **Ângela:** A vida no Haiti é difícil, porque quando não se tem um trabalho não há como se alimentar. É realmente difícil. Felizmente, eu tinha um pequeno trabalho. Mesmo meu marido estando no Brasil, e enviando um pouco de dinheiro para nós, não era o suficiente para o que precisávamos. Foi difícil! Pagar o colégio das crianças, cuidar de mim, foi difícil. Somado a isso, quando estávamos em casa, escutávamos ruídos de tiros, então, tínhamos que nos esconder. As mulheres e as crianças sofrem muitos riscos. Às vezes, as mulheres sofrem muita, muita, muita, muita violência. Agora a cada dia parece pior. Tem guerra e muita criminalidade. Todos os dias você ouve pessoas morrendo, todos os dias. É verdadeiramente difícil! (Livre tradução)

Essa é mais uma das muitas narrativas que demonstra as agruras de habitar em um país fragilizado do ponto de vista político, econômico, ambiental[12] e social, não deixando uma alternativa às(aos) haitianas(os) senão migrar para outro país em busca de melhores condições de vida. Isso posto, a emigração haitiana não consiste num fenômeno novo. Desde os anos 1960, ela tem crescido sistematicamente, em especial para países centrais no sistema capitalista, como Estados Unidos e França. Tais países, historicamente, exerceram os controles econômico, político e militar sobre

---
[12] Importante dar relevo à questão ambiental como propulsora das rotas migratórias haitianas, à medida que a ausência de políticas estatais ambientais, somada à fuga dos eventos climáticos, levam muitas migrantes haitianas a estabelecerem-se em outros países onde estejam em maior segurança.

o Haiti (Magalhães, 2017). Importante destacar que a crise econômica de 2008 alterou profundamente a geopolítica mundial, incidindo na transformação do fluxo emigratório haitiano, que especialmente a partir do ano de 2010, passou a ter o Brasil como um dos principais destinos.

Na escala haitiana, o agravamento do estado de crise permanente pós-2004, com a deposição do presidente Jean-Bertrand Aristide, inaugurou um período de instabilidades política, eleitoral e econômica, bem como de fragilidades institucional e de infraestrutura. Situação essa que foi exacerbada com o terremoto de janeiro de 2010 e as epidemias e desastres ambientais que se seguiram.

Segundo Mejía, Bortoli e Lappe (2015), mais de um quarto da população haitiana emigrou do país nas últimas décadas, tendo em vista o alto índice de desemprego, alcançando aproximadamente 80% dos(as) haitianos(as). Diante disso, cerca de 25% do PIB haitiano passou a ser composto pelas somas enviadas por emigrantes ao país de origem. Inevitavelmente, a diáspora tornou-se parte das realidades socioeconômica, política e educacional do Haiti.

Joseph e Bersani (2017) explicitam que a diáspora haitiana se constitui num fenômeno originado no século XIX, tornando-se antigo e estrutural no universo haitiano. Tradicionalmente, a diáspora haitiana teve como destino países como os Estados Unidos da América, o Canadá, a França, a República Dominicana e Cuba. Entretanto, com o sismo de 2010, esse fenômeno assumiu novos contornos, tendo como novos rumos países como o Chile, o Peru, o Equador, a Argentina e, notadamente, o Brasil. Além de ser um ponto estratégico para a migração de países como o México e os Estados Unidos, o Brasil paulatinamente foi se tornando uma nova terra de oportunidades à população haitiana, principalmente por conta das políticas públicas universais de saúde e educação. Além das dificuldades de migrar para os Estados Unidos e Europa, após o endurecimento das leis de imigração.

A partir do ano de 2004, as relações diplomáticas entre o Brasil e o Haiti foram se estreitando com a chegada das tropas militares da Missão das Nações Unidas para a Estabilização do Haiti (Minustah) e de organizações privadas sem fins lucrativos e religiosas brasileiras no país. De 2010 em diante, essa relação foi reforçada com a concessão, por parte do Brasil, de visto por razões humanitárias para haitianos(as). Como ápice dessa relação, destacamos a promulgação da Portaria Interministerial entre o Ministério da Justiça e Segurança Pública e o Ministério das Relações Exteriores nº 38, de 2023, tangente à reunião familiar de haitianos(as) e apátridas, com vínculos familiares no Brasil, o que será objeto do Capítulo 4 deste livro (Brasil, 2023a).

A fim de contextualizar a grave crise humanitária que assola o Haiti, as reportagens trazem fatos contundentes:

> Cerca de 4,7 milhões de pessoas, quase metade da população do Haiti, estão passando fome, com cerca de 19.000 pessoas no bairro de Cité Soleil, em Porto Príncipe, enfrentando "fome catastrófica". Gangues haitianas há um mês impedem a distribuição de diesel e gasolina, prejudicando empresas e hospitais e criando escassez de bens básicos, incluindo água, no momento em que o país enfrenta um novo surto de cólera. Outra autoridade da ONU acrescentou que 100.000 crianças no Haiti com menos de 5 anos estavam sofrendo de desnutrição grave, acrescentando: "Elas são especialmente vulneráveis a esse surto de cólera" (Carrel, 2022, s/p).
>
> [...]
>
> Os grupos criminosos do Haiti, que controlam a maior parte da capital, Porto Príncipe, usam a agressão sexual para aterrorizar a população e consolidar seu poder territorial, alerta a ONU em relatório divulgado nesta sexta-feira. O relatório menciona estupros coletivos de crianças de até 10 anos e mulheres idosas, muitas vezes diante de familiares. Os grupos usam os estupros "para castigar, subjugar e infligir dor" aos haitianos, e como ferramenta coercitiva, para forçar a cooperação. Em apenas uma semana de julho, gangues armadas rivais agrediram sexualmente 52 mulheres e meninas no distrito de Cité Soleil, na capital, segundo o relatório. Quase todas as agressões sexuais ficam impunes [...] (Grupos..., 2022, s/p).

O fenômeno da migração haitiana para o Brasil implica em aguçarmos o olhar para a história do Haiti nos seus mais diferenciados recortes e para a conjuntura brasileira que tornou o país rota migratória haitiana. Como Joseph (2023) demonstra, o Brasil pode se destinar tanto a um corredor migratório para países como o México e os Estados Unidos quanto se tornar destino para muitas famílias haitianas que fogem dos horrores do país de origem.

O Haiti e a República Dominicana localizam-se na chamada Ilha Hispaniola, no Caribe, América Central. O Haiti possui geografia acidentada, que prejudica a agricultura, e é marcado por um conjunto de fenômenos naturais que afetam o país, tais como terremotos, tufões e furacões (Silva; Amorim, 2019). Ademais, a economia política do Haiti é atravessada pelo passado colonial. O Haiti constituiu-se como colônia francesa e no século XIX foi um dos maiores produtores de cana de açúcar e de café. Para dar conta da produção canavieira, o país tornou-se grande receptor de africanos escravizados (Silva; Amorim, 2019; Magalhães; Baeninger, 2016).

Inspirada na Revolução Francesa, a população haitiana deflagrou o primeiro processo de independência da América Latina datado de 1804. Esse gesto heroico não passou sem represálias, posto que o país precisou arcar com uma enorme dívida cobrada pela França em reparação pela perda da colônia (Silva; Amorim, 2019; Magalhães; Baeninger, 2016).

Politicamente, o Haiti enfrenta ao longo do processo histórico instabilidades marcadas por casos de corrupção. O agravamento do estado de crise permanente pós-2004, com a deposição do presidente Jean Bertrand Aristide, inaugurou um período de instabilidades política, eleitoral e econômica e de fragilidades institucional e de infraestrutura.

> Protestos em massa. Explosões fatais no meio de uma guerra de gangues. Um Poder Judiciário sobrecarregado e um Poder Legislativo estéril, no qual um pequeno grupo de deputados vagueia entre os assentos vazios dos antigos colegas. [...] Há anos, assim tem sido a vida no Haiti. Durante todo esse tempo, a luz no fim do túnel nesse quadro sombrio tem sido o voto. Mas a aguardada eleição tem sido prometida e adiada seguidamente por líderes que poderiam reconstruir o governo — e devolver a primeira república negra do mundo a um caminho democrático (Hu; Dupai, 2022, s/p).

Desde a década de 1960, são identificados os processos migratórios haitianos para países como Estados Unidos, Canadá, França e Caribe (Audebert, 2012; Magalhães, 2017; Mejía; Cazarotto, 2017). Eventos desencadeados no nascimento do século XXI alteraram profundamente a geopolítica migratória, que deixou de seguir o percurso do Sul para o Norte Global. É nesse cenário que o Brasil tem despontado como importante rota migratória no Sul Global. Eventos como a queda das torres gêmeas nos Estados Unidos no ano de 2001 e a crise econômica em escala global ocorrida no ano de 2008 acarretaram o endurecimento das fronteiras, dificultando o ingresso e a legalização de novos migrantes nos países do Norte global.

O Brasil, por sua vez, com sua participação desde o ano de 2004 na Missão das Nações Unidas para a Estabilização do Haiti (Minustah), a prosperidade econômica nos governos do Partido dos Trabalhadores (PT), a facilidade de aquisição do visto humanitário para algumas nacionalidades e a realização de grandes obras para a Copa do Mundo de 2014 e as Olimpíadas de 2016 tornaram esse país atrativa rota migratória no Sul Global (Brightwell et al., 2016).

> Com o epicentro próximo da principal cidade haitiana, o terremoto atingiu o país às 16h53, horário local. Além da destruição de grandes proporções, estima-se que cerca de 230 mil pessoas tenham morrido e mais de 1 milhão foram desabrigadas (Paris, 2023, s/p).
>
> O primeiro caso de cólera no Haiti foi registrado em outubro de 2010, meses depois do terremoto que destruiu o país e matou mais de 300 mil pessoas. [...] a epidemia que se instalou no país após o terremoto de 2010 e causou 10 mil mortes (Baeriswyl, 2022, s/p).

Após o terremoto de 2010, o Brasil tornou-se um destino atrativo para os(as) migrantes haitianos(as) em virtude da facilidade de aquisição do visto humanitário e da imagem propagada pela mídia e reforçada pela presença militar brasileira no Haiti, que indicavam a prosperidade econômica do Brasil (Mejía; Bortoli; Lappe, 2015).

Da perspectiva brasileira, sobreveio um período de crescimento econômico com relativa inclusão social, pela expansão subimperialista ao exterior, inclusive ao próprio Haiti, onde o Brasil está presente desde 2004 por meio da coordenação da Minustah e pela realização de grandes eventos internacionais, o que sugere às famílias haitianas a imagem de um Brasil potência. Corrobora com essa ideia a relativa facilitação da migração haitiana para o Brasil proporcionada pelas Resoluções Normativas de nº 97 e 102 do CNIg, em especial com a criação do "Visto de Ajuda Humanitário" específico aos haitianos.

Zeni e Fillipin (2014) ressaltam que dentre os estados brasileiros que têm acolhido migrantes haitianos, destaca-se Santa Catarina, pelos municípios de Chapecó e Florianópolis. Em estudo realizado na Região Oeste do estado, Piovezana e colaboradores (2015) identificaram que os movimentos migratórios haitianos têm se dado da seguinte forma: a) movimento masculino, impulsionado no ano de 2011 por empresas que foram em busca de migrantes haitianos para a contratação como força de trabalho; b) movimento feminino, com a chegada das imigrantes haitianas, a maior parte para acompanhar os maridos que já haviam se instalado no Brasil. Os autores destacam a forte presença feminina haitiana na Região Oeste catarinense, tornando-se comum os apelos veiculados pela imprensa local para o auxílio financeiro da comunidade para contribuir nas viagens em busca da reunificação familiar; c) desencadeia-se, assim, o terceiro movimento, caracterizado pela chegada dos(as) filhos(as) dos(as) imigrantes haitianos(as).

Em linhas gerais, essas foram as trajetórias haitiana e brasileira que selaram o encontro entre os dois países a partir da migração haitiana para o Brasil iniciada no ano de 2010. O Brasil, tornando-se rota migratória haitiana, passou a acompanhar um fenômeno comum nas migrações, desta vez ligado à nacionalidade haitiana, que diz respeito à transnacionalização dos vínculos familiares dos(as) migrantes que aqui aportam.

1.2 FEMINIZAÇÃO DAS MIGRAÇÕES INTERNACIONAIS A PARTIR DA EXPERIÊNCIA HAITIANA

Nos últimos anos tem havido um expressivo crescimento dos fluxos migratórios de mulheres em nível global, que saem de seus países de origem em busca de melhores condições de vida, atendendo a demandas que se configuram como alternativas de geração de renda nos mercados formal e informal. Esses fluxos migratórios que extrapolam fronteiras são denominados por Sassen (2003) de "contrageografias da globalização", porque estão direta ou indiretamente associados à economia global, e não se caracterizam por uma representação formal, porém operam com frequência fora da lei e dos tratados, e algumas vezes envolvem operações criminais. Dessa forma, evidencia-se como resultado desses fluxos migratórios uma das faces perversas da globalização: um novo tipo de economia, parcialmente desterritorializada, que atravessa fronteiras conectando múltiplos pontos do globo, em uma espécie de rede submersa, informal e ilegal, originando a desregulamentação e a precarização das relações de trabalho.

Os estudos sobre migração só recentemente têm localizado as estatísticas sobre o fluxo crescente de mulheres, a mobilidade interna e externa destas que saem de seus locais de origem em busca de melhores condições de vida ou fugindo de diferentes formas de opressão e exploração. É importante, por isso, considerarmos que o processo de migração para as mulheres significa, muitas vezes, a fuga de uma relação violenta ou de uma estrutura social patriarcal com rígidas noções do que constitui "propriedade" em relação à mulher.

Nesse sentido, Lisboa e Borba (2022) ressaltam a importância de considerarmos a perspectiva de engendramento das migrações, ou seja, levar em conta que os fatores que originam e estimulam a migração de mulheres e homens, são diferentes. Em função das atividades de subsistência atribuídas, em geral, às mulheres, são elas as mais penalizadas. Além disso, as mulheres migrantes que cruzam fronteiras internacionais ficam com a responsabilidade de prover suas famílias na pátria de origem.

A Organização das Nações Unidas (ONU) tem alertado para o crescente fenômeno da feminização da pobreza, explicitando que 70% dos pobres de todo o mundo são mulheres, que, por sua vez, têm despontado nos cenários da migração interna (nacional) e externa (internacional) como sujeitos autônomos, em busca de melhores condições de vida para si e para seus filhos. Segundo uma das entrevistadas da pesquisa para a tese:

> **Catarina**: Uma das minhas irmãs disse que eu deveria tomar muitos remédios para ver se eu sobreviveria. Depois, houve outro membro da família que disse "se você deixasse o Haiti e fosse para outro país, você encontraria os medicamentos para viver". É por essa razão que eu deixei meu país e vim para o Brasil. (Livre tradução).

Os estudos sobre a pobreza, na grande maioria, têm identificado a migração apenas como ausência de recursos materiais (Ayuso, 2006). Entendemos a pobreza como um fenômeno multidimensional, que não se restringe unicamente à esfera material e/ou econômica (salário, alimentação), mas extrapola para as dimensões subjetivas provindas ao encontro das necessidades básicas das pessoas tais como carências de proteção, de afeto, de oportunidades, de segurança, de lazer entre outras (Ayuso, 2006). O relato de Jane ilustra a migração pelos seguintes motivos:

> **Jane**: Eu estou com a minha geladeira cheia de alimentos, e especialmente minha filha telefonou para mim dizendo "mãe, hoje eu não comi nada, desde a manhã até agora". Imagina como eu me sinto!?

Segundo Kabeer (1998), a pobreza pode ser vista como uma forma dual de privação: privação de necessidades e privação dos meios de satisfazer essas necessidades. No primeiro caso, estão as necessidades como alimentação, habitação, vestuário, educação, saúde. No segundo nível, a possibilidade de acesso a esses meios se relacionam com o exercício da cidadania e conquista dos direitos. Esses são gerados mediante regras, normas e práticas institucionais que, por sua vez, outorgam direitos a mulheres e homens de forma diferente e desigual em distintos grupos sociais.

De acordo com Ayuso (2006), a referência para medir a linha da pobreza extrema, que na primeira meta do milênio a situava em menos de um dólar por dia não se ajusta ao contexto econômico e social da maioria dos países latino-americanos. Alguns indicadores básicos para medir a linha da pobreza, conforme a Cepal, seriam:

> [...] população abaixo do consumo mínimo alimentar; desnutrição infantil de crianças com menos de 5 (cinco) anos de idade; proporção de pessoas com escolarização primária completa; taxa de mortalidade de crianças com menos de 5 (cinco) anos de idade; taxa de mortalidade materna; proporção de crianças vacinadas contra enfermidades infecciosas; proporção de nascimentos atendidos por profissionais da área da saúde qualificados; redução da propagação do vírus HIV/AIDS; proporção de doenças infectocontagiosas; e proporção de pessoas com acesso à água potável (Ayuso, 2006, p. 106).

As diferentes dimensões arroladas comprovam que a pobreza tem uma multiplicidade de manifestações que obedecem a diversas causas. Por esse motivo, sua redução exige desenvolver estratégias integrais que abordem diferentes dimensões e se adaptem às necessidades específicas de cada grupo ou território, sem esquecer os efeitos sistêmicos.

É nesse sentido que as mulheres migrantes de países africanos e latino-americanos, e em específico do Haiti, caracterizam-se pela condição de pobreza e pelos reflexos cotidianos da herança cultural estruturada nas desigualdades de gênero, classe, raciais, de nacionalidade, dentre outras. Desponta, assim, a análise do processo de feminização das migrações internacionais, como uma das nuances da migração contemporânea (Ramos, 2014). Diante disso, cada vez mais mulheres emigram dos países de origem para fugir de problemas que afetam as mulheres de modo geral: a miséria, a violência, o reduzido acesso à educação, à saúde e à oportunidade de emprego e renda.

Consoante Mejía, Bortoli e Lappe (2015), as expectativas diante do projeto migratório assumem contornos diferenciados conforme os gêneros. Conquanto os homens haitianos aspiram à formação educacional, à autonomia e à independência financeira, as mulheres haitianas emigram especialmente para oferecer melhores condições de vida para os filhos e demais familiares. Ou seja, para as mulheres haitianas a migração conforma-se num projeto familiar, no qual aspiram ter renda suficiente para mantê-las no Brasil e enviar dinheiro à família no Haiti:

> A maior parte delas deixa um ou mais filhos no Haiti aos cuidados de familiares próximos por falta de condições financeiras para trazê-los. Apesar de que esse projeto migratório visa melhorar a vida das crianças, sobre elas recai grande carga emocional, pois implica estar por longos períodos longe dos pais (Machado, 2014), principalmente da mãe (Mejía; Bortoli; Lappe, 2015, p. 157).

Na pesquisa realizada nesta obra, identificamos que as informações coletadas vão na contramão do que as autoras colocam. Os homens entrevistados também apresentaram razões familiares para emigrar para o Brasil, e igualmente vieram em busca da reunificação familiar.

Assim sendo, as(os) migrantes haitianas(os) vivenciam as famílias transnacionais, ou seja, agrupamentos familiares que, embora distendidos em vários pontos do globo, não perdem os vínculos quando inseridos em novos contextos sociais. Pertencem ao referido agrupamento todas as pessoas envolvidas na situação de migração, sendo tanto os adultos quanto as crianças, quanto quem fica, quem migra, quem retorna e quem transita (Mejía; Bortoli; Lappe, 2015).

Numa perspectiva de gênero, a supracitada autora reflete que para as mulheres e os homens o projeto migratório congrega interesses familiares, envolvendo tanto os membros da família que ficam quanto os que partem. Para enfrentar a dor da separação, perseguem o objetivo de reunificação da família em um futuro próximo e de contribuir para a melhoria das condições de vida da família.

Nos itens a seguir, foram reunidos informações e conhecimentos sobre esse panorama concretizado nas vivências das(os) migrantes haitianas(os) entrevistadas(os), conforme segue.

1.1.1 Apresentando as(os) migrantes entrevistadas(os)

Apresento a seguir uma breve biografia de cada um(a) das(os) entrevistadas(os) desta obra.

Marielle, 29 anos de idade, e Aquiles, 35 anos de idade, mantêm uma união estável, e possuem dois filhos(as), uma menina de 5 anos de idade, que está no Haiti com a madrinha, e um bebê de 10 meses de idade, que está com o casal. Ela cursava "Secretaria Geral" no Haiti, e trabalhava como professora, e Aquiles trabalhava como engenheiro civil. Apresentaram relatos sobre a conjuntura do Haiti, sobre a reunião familiar em andamento e sobre o racismo enfrentado no Brasil. A entrevista foi realizada na língua portuguesa.

Dandara, 44 anos de idade, e Zélio, idade não revelada, são casados e possuem quatro filhos, de 4 anos, 6 anos, 11 anos e 16 anos de idade, todos no Brasil. Ela era massoterapeuta na República Dominicana e o casal trabalhava com vendas. Apresentaram narrativas com riqueza de detalhes sobre a situação política e econômica do Haiti, as consequências para a família deles, e os esforços para a reunião familiar concluída. A entrevista foi realizada em português.

Conceição, 40 anos de idade, estudou até o sexto ano do ensino fundamental, e Machado, 44 anos, estudou até o sétimo ano do ensino fundamental. No Brasil, ambos trabalham em agroindústrias da cidade em que habitam. São casados e possuem três filhos, de 15 anos, 13 anos e 6 anos de idade, todos estão no Haiti com a avó materna. Apresentaram com riqueza de detalhes os esforços para concluir a reunião familiar, que ainda não foi finalizada. A entrevista foi realizada em francês.

Ângela, 42 anos de idade, nível superior incompleto (Enfermagem), e Luiz, idade não informada, nível superior em Contabilidade. No Brasil, ela trabalha como camareira e ele trabalha numa empresa de pneus. São casados e possuem três filhas em comum, de 15 anos, 11 anos e 1 ano e 4 meses de idade, que estão no Brasil, e um filho de Luiz de relacionamento anterior, de 17 anos de idade, que está no Haiti com a mãe. A entrevista foi realizada na língua francesa.

Antonieta, 47 anos de idade, ensino fundamental completo, e Francis, 48 anos de idade, ensino fundamental incompleto, mantêm uma união estável. Antonieta possui três filhos de relacionamento anterior, dois adultos de 26 e 24 anos de idade, que moram no Haiti, e um adolescente de 17 anos de idade, que está sob a responsabilidade da tia materna no Haiti. O filho de 11 anos de idade é comum do casal, e igualmente se encontra com a tia materna no Haiti. No Brasil, Francis trabalha na construção civil e Antonieta não exerce atividade remunerada. Antonieta comunica-se apenas em Creolo, então Francis, que se comunica melhor em português, traduziu a entrevista da companheira. O casal apresentou relatos sobre a conjuntura do Haiti, sobre a reunião familiar que está em andamento e sobre o racismo vivenciado no Brasil. A entrevista foi efetuada em português.

Tereza, 34 anos de idade, ensino superior incompleto em Filosofia, é casada e mãe de uma bebê de 11 meses de idade, que está sob a responsabilidade do casal. O marido, Nascimento, 37 anos de idade, tem formação como costureiro. Ela não exerce atividade remunerada no Brasil e ele trabalha em um restaurante. A entrevista foi realizada em francês.

Tiago, 39 anos de idade, ensino médio incompleto, é casado. A esposa dele está no Haiti, e ambos estão providenciando a reunificação familiar. O casal tem três filhos(as), de 14 anos, 12 anos e 11 anos de idade, que se encontram no Haiti com a mãe. Tiago procurou-nos espontaneamente para conceder entrevista, e narrou com fluidez sobre a conjuntura haitiana, a reunificação familiar em andamento e o racismo que enfrenta no Brasil. A entrevista foi efetuada em língua portuguesa.

Leila, 35 anos de idade, é viúva e possui o ensino médio completo. Diferentemente das(os) demais entrevistadas(os), Leila recebe dinheiro da avó para se manter no Brasil. Ela tem três filhos que estão no Haiti, de 18 anos, 15 anos e o terceiro de idade não informada. Ela fala somente em creolo, então outro entrevistado a auxiliou na tradução da entrevista. Por conta disso, conseguimos realizar a entrevista em língua portuguesa.

Sueli, idade não declarada, cozinheira, é viúva, e possui duas filhas adultas e uma criança. A filha primogênita, de 26 anos de idade, mora na França; a do meio, de 22 anos de idade, cuida da terceira filha, de 5 anos de idade, e ambas moram juntas no Haiti. No Haiti, Sueli trabalhava como cozinheira e na limpeza de uma igreja, atividade remunerada que manteve no Brasil. A entrevista foi realizada em francês.

Jane, 35 anos de idade, ensino médio completo, é mãe de uma criança de 11 anos de idade, e de um adolescente de 14 anos de idade. A criança é cuidada pela avó paterna, de 80 anos de idade, e estão no Haiti; e o adolescente é cuidado pelo irmão de Jane na República Dominicana. No Haiti, Jane trabalhava em um restaurante, e, no Brasil, trabalha como camareira em dois hotéis, além de trabalhar na limpeza de quartos de locação temporária. Narrou com fluência sobre a crise haitiana e as repercussões na sua família, sobre o racismo que lhe atinge no Brasil e a reunificação familiar em processo. A entrevista foi realizada em português.

Beatriz, 41 anos de idade, ensino médio completo, é casada com Milton, 50 anos de idade, escolaridade não informada. Possuem um total de cinco filhos, três adolescentes de 15, 14 e 13 anos de idade, que estão no Brasil; e dois adultos, de 20 e de 22 anos de idade, que residem na República Dominicana. Esse casal, antes de vir ao Brasil, já habitava na República Dominicana há cerca de 20 anos. A reunificação familiar foi concluída para a família. A entrevista mesclou as línguas portuguesa e francesa.

Ivanor, 30 anos de idade, ensino médio completo, convive em união estável com Carolina, 30 anos de idade, escolaridade não informada, e ambos possuem uma filha de 8 anos de idade. Tanto a companheira quanto a filha de Ivanor estão no Haiti. O haitiano ofereceu-se voluntariamente para a concessão da entrevista que foi realizada na língua portuguesa. Ele explanou sobre a situação haitiana, a reunificação familiar em curso e sobre o racismo experenciado no Brasil.

Catarina, 53 anos de idade, possui ensino superior em Pedagogia no Haiti, e trabalha na limpeza de uma farmácia no Brasil. É casada com um professor, que está no Haiti, e são pais de um adulto, de 21 anos de idade, e de duas adolescentes, de 17 e de 15 anos de idade. O filho adulto acompanhou Catarina na vinda ao Brasil e aguardam a reunificação dos demais familiares, o que está em curso. Destaque-se das narrativas de Catarina os desdobramentos da situação econômica, política e ambiental na saúde mental dela, o que a motivou a deixar o país. A entrevista foi realizada em francês.

Quadro 1 – Perfil das(os) migrantes entrevistadas(os)

Entrevis-tada(o)	Idade	Nível de instrução	Cônjuge/compa-nhei-ro(a)	Estado civil	Traba-lho/ocu-pação no Brasil	Renda mensal no Brasil
Marielle	29 anos	Ensino médio completo	Aquiles	União estável	Supermercado	R$ 1.400 (líquida)

Entrevistada(o)	Idade	Nível de instrução	Cônjuge/companheiro(a)	Estado civil	Trabalho/ocupação no Brasil	Renda mensal no Brasil
Dandara	44 anos	Ensino médio completo	Zélio	Casada	Empresa terceirizada	R$ 1.240 (líquida)
Conceição	40 anos	Ensino fundamental incompleto	Machado	Casada	Agroindústria	R$ 1.100
Ângela	42 anos	Ensino superior completo (Enfermagem)	Luiz	Casada	Camareira	R$ 1.500
Antonieta	47 anos	Ensino fundamental completo	Francis	União estável	Dona de casa	R$ 2.000 (renda obtida pelo companheiro)
Tereza	34 anos	Ensino superior incompleto (Filosofia)	Abdias do Nascimento	Casada	Dona de casa	Não informado
Tiago	39 anos	Ensino médio incompleto	Carolina	Casado	Empresa	R$ 2.200
Leila	35 anos	Ensino médio completo		Viúva	Dona de casa	A avó auxilia-lhe com o envio de quantia mensal não informada
Sueli	Não informado	Ensino superior incompleto		Viúva	Em estabelecimento religioso	R$ 1.490 (líquida)

Entrevis-tada(o)	Idade	Nível de instrução	Cônjuge/ compa- nhei- ro(a)	Estado civil	Traba- lho/ocu- pação no Brasil	Renda mensal no Brasil
Jane	35 anos	Ensino médio completo		Solteira	Camareira	De R$ 2.000 a R$ 4.000 (conforme o período da temporada)
Beatriz	41 anos	Ensino técnico completo	Ivanor	Casada	Agroin- dústria	R$ 1.400 (líquido)
Ivanor	30 anos	Ensino médio completo	Isabel	União estável	Estabele- cimento ramo ali- mentício	R$ 1.400
Catarina	53 anos	Ensino superior completo (Pedagogia)	José	Casada	Estabele- cimento de saúde	R$ 1.490 (líquida)

Fonte: elaborado pela autora

Tangente ao perfil das(os) entrevistadas(os) obtivemos o seguinte contexto: a idade variou de 29 a 53 anos de idade, cuja média de idade girou em torno dos 30 (cinco entrevistadas/os) e dos 40 anos de idade (cinco entrevistadas/os). Isso significa que a totalidade das(os) entrevistadas(os) migrou para o Brasil em idade ativa (Dieese, 2018), enquadrando-se nos critérios para se inserir no mercado de trabalho (população economica- mente ativa) (Dieese, 2018). Aqui está estabelecida a intersecção entre gênero e geração, sobrevindo a experiência de haitianas de diversas faixas etárias no processo de reunificação da prole.

Quanto ao nível de escolaridade, duas entrevistadas estavam no ensino fundamental (completo ou em andamento); sete entrevistadas estavam no nível médio (completo ou em andamento); e quatro entre- vistadas estavam no ensino superior (completo ou em andamento). Podemos depreender que o nível de escolaridade das haitianas é bom a avançado.

Por outro lado, as vagas de trabalho ocupadas envolveram desde empresa terceirizada de limpeza a agroindústria, camareira, ramo da alimentação e religioso. Destaque para três haitianas que não exercem atividade remunerada e, por conseguinte, não têm renda própria. Nenhuma das haitianas com nível superior completo ou em andamento ocupavam vaga de trabalho equivalente ao nível de formação. A situação de Leila vai na contramão das demais, à medida que em vez de remeter quantias de dinheiro para o Haiti, ela recebe remessas da avó que reside naquele país. Em pesquisa realizada por Joseph (2023), esse pesquisador encontrou um cenário bastante parecido, no qual as mulheres migrantes de cores preta e parda estão mais inseridas no setor industrial de produção de alimentos e abate de animais em frigoríficos, além do setor de serviços gerais como limpeza, e nos serviços de alimentação como cozinheira. A remuneração auferida mensalmente também é inferior à formação educacional das haitianas. O salário mais baixo corresponde a sem renda própria, ao passo que o mais alto compreende cerca de R$ 4.000 (líquido). Contudo, importante ressalvar que a remuneração percebida por tal haitiana é sazonal, obtida na temporada de verão, oportunidade em que ela consegue acumular até três atividades profissionais ao mesmo tempo, dormindo cerca de duas a três horas por noite e folgando somente uma vez na semana. Destaque-se ainda a renda média obtida pelas entrevistadas, que girou em torno de R$ 1.468,88, ou seja, pouco mais de um salário mínimo vigente no ano de realização das entrevistas[13].

Quanto ao estado civil das haitianas entrevistadas, revelou-se que sete eram casadas civilmente, três estavam em união estável, duas eram viúvas e uma era solteira.

1.1.2 As origens das(os) migrantes haitianas(os) entrevistadas(os)

Quadro 2 – Dados da origem no Haiti das(os) migrantes entrevistados(as)

Entrevistada(o)	Cidade/região de origem	Cidade onde viveu	Condição de saúde	Trabalho/ocupação no país de origem	Renda mensal no país de origem
Marielle	Mirebalais	Mirebalais	Saudável	Professora	R$ 250

---

[13] Segundo o Guia Trabalhista, em 2022, o salário mínimo vigente era de R$ 1.212. Disponível em: https://www.guiatrabalhista.com.br/guia/salario_minimo.htm. Acesso em: 13 fev. 2024.

Entrevis-tada(o)	Cidade/ região de origem	Cidade onde viveu	Condição de saúde	Trabalho/ ocupação no país de origem	Renda mensal no país de origem
Dandara	Cap-Haitien	República Dominicana	Saudável	Massagista	Não informado
Conceição	Ouanaminthe	Ouanaminthe	Saudável	Dona de casa	Não informado
Ângela	Port-au--Prince	Port-au--Prince	Saudável	Não informado	Não informado
Antonieta	Bas-Limbé Cap-Haitien	Bas-Limbé Cap-Haitien	Saudável	Dona de casa	U$$ 2.500
Tereza	Jérémie	Pétionville Port-au--Prince	Saudável	Dona de casa	Não informado
Tiago	Delmas	Croix des Bouquets	Saudável	Empresa	2.050,27 gourdes
Leila	Les Cayes	Não informado	Fratura na perna	Dona de casa	Não informado
Sueli	Gonaïves	Não informado	Saudável	Estabele-cimento religioso	U$$ 2.500
Jane	Gonaïves	Gonaïves	Saudável	Estabele-cimentos comer-ciais, ramo alimentício	Não informado
Beatriz	Gonaïves	República Dominicana	Saudável	Esteticista	Não informado
Ivanor	Port-au--Prince	Port-au--Prince	Saudável	Trabalhos informais	Não informado
Catarina	Cap-Haitien	Cap-Haitien	Depressão	Professora	Esqueceu

Fonte: elaborado pela autora

Concernente ao Quadro 2, analisamos que 7 das 13 entrevistadas nasceram e viveram na mesma cidade no Haiti. Duas entrevistadas nasceram no Haiti e fixaram-se na República Dominicana, ilustrando o fenômeno migratório para tal país. A seguir, apresentamos o mapa político do Haiti, com as principais cidades comentadas pelas entrevistadas.

Figura 1 – Mapa político do Haiti

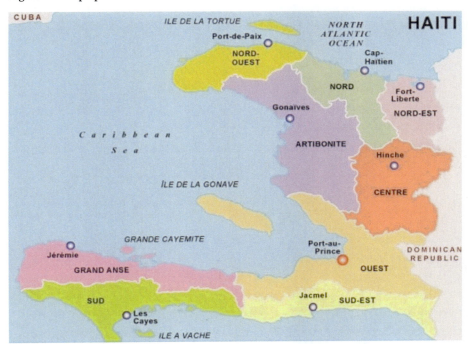

Fonte: Reserch Gate ([2022])[14].

Apenas 2 das 11 entrevistadas(os) apresentam doenças, uma correspondendo à fratura na perna e a outra acometida por quadro de depressão. Já as atividades de trabalho foram diversificadas, sendo que: quatro haitianas não exerciam atividade remunerada no Haiti; duas atuavam como professoras; duas eram atuantes no mercado da beleza (esteticista e massagista); uma trabalhava em empresa; uma no ramo comercial alimentício; e outra prestando serviço de limpeza no ramo religioso.

---

[14] Acesso em: 25 jul. 2024.

A maioria das(os) haitianas(os) entrevistadas(os) não informou a remuneração percebida no Haiti ou um montante variável, sendo a menor renda informada de R$ 250 e a maior de R$ 2.500.

1.1.3 Que atividade remunerada as(os) haitianas(os) exerciam no Haiti

Como foi possível observarmos no Quadro 2, as(os) entrevistadas(os) tiveram uma história educacional e profissional no Haiti. Marielle e Aquiles reportaram o seguinte:

> **Marielle**: Eu trabalhava no Haiti na minha área, como professora de Filosofia. Eu estudei, mas não consegui concluir o curso. Ganhava pouco dinheiro, muito pouco...
> **Aquiles**: Eu trabalhava na área de meus estudos no Haiti, como engenheiro civil. Tinha muitos clientes e fazia vários contratos.

Dandara, por sua vez, relatou sobre a experiência dela com as vendas:

> **Dandara**: No Haiti, a maioria das pessoas trabalha com o comércio. Quando eu me casei, em 2001, eu e meu marido nos tornamos vendedores. Vender, comprar no Haiti, entrar na fronteira da República Dominicana, vender e vender... Eu morava no Norte do País, em Cabo Haitiano, fronteira com a República Dominicana. Havia bastante movimento, porque os dominicanos compravam e revendiam. E o Haiti também se relaciona com outros países, como o Panamá e os Estados Unidos, que vendiam objetos usados, como roupas e calçados. Quando tive o primeiro filho, disse para o meu marido que não seria possível continuar com as vendas.

Tiago informou ter trabalhado durante 15 anos em uma mesma empresa. Iniciou com um salário de 250 gourdes haitianos (G), e deixou o emprego com o salário de aproximadamente G 2.000. Leila relatou que não tinha trabalho no Haiti.

Jane, Beatriz e Ivanor relataram sobre atividades profissionais bem diferenciadas:

> **Jane**: Eu trabalhei no meu país em vários lugares: em restaurante, em loja de material de construção... Eu também gosto de trabalhar como autônoma. Compro e vendo objetos, faço algumas coisas...

> **Beatriz**: No Haiti, eu trabalhei como esteticista. Eu trabalhei num salão de beleza por 18 anos. Por sete anos eu trabalhei na República Dominicana.

> **Ivanor**: No Haiti, eu não tinha um trabalho fixo. Mas eu trabalhava em "bicos"[15] com o meu pai.

Conceição informou não exercer atividade remunerada quando vivia no Haiti. Era dona de casa. Luiz trabalhava no comércio informal. Relatou que em razão dos sucessivos roubos e assaltos, deixou tudo e veio para o Brasil. Conforme Sueli, no Haiti, trabalhava prestando serviços de alimentação e de limpeza para padres, mesma atividade que exerce no Brasil.

1.1.4 Um olhar para agrupamento familiar das migrantes haitianas

Quadro 3 – Um olhar para o núcleo familiar das migrantes haitianas

Entrevistada(o)	Cônjuge/ companheiro(a)	Idade dele	Nível de instrução dele	Trabalho/ocupação dele no Brasil	Renda familiar no Brasil	Número de filhos(as)
Marielle	Aquiles	35 anos de idade	Ensino superior completo (engenharia civil)	Empresa de móveis (auxiliar de colagem)	R$ 1.400 (ela) R$ 1.500 (ele) Total: R$ 2.900	2 filhos(as)
Dandara	Zélio	Não respondeu	Ensino fundamental incompleto	Agroindústria	R$ 1.240 (ela) R$ 1.350 (ele) Total: R$ 2.590	4 filhos(as)

---

[15] "Bico" corresponde a uma maneira usual de indicar atividade de trabalho temporária e sem vínculo empregatício.

Entrevis-tada(o)	Cônjuge/compa-nheiro(a)	Idade dele	Nível de instrução dele	Traba-lho/ocu-pação dele no Brasil	Renda fami-liar no Brasil	Número de filhos(as)
Conceição	Machado	44 anos de idade	7º ano do funda-mental	Não res-pondeu	R$ 1.100 Não informado	3 filhos(as)
Ângela	Luiz	Não respondeu	Ensino superior completo (contabili-dade)	Empresa de rodas	R$ 1.500 (ela) R$ 2.200 (ele) Total: R$ 3.700	3 filhas em comum 1 filho de Luiz
Antonieta	Francis	48 anos de idade	Ensino funda-mental incom-pleto	Constru-ção civil	R$ 2.000 (renda obtida pelo compa-nheiro)	1 filho em comum 3 filhos de Antonieta
Teresa	Mário	37 anos de idade	Ensino superior (costu-reiro)	Não res-pondeu	Não informado Não informado	1 filha
Beatriz	Milton	50 anos de idade	Não respondeu	Agroin-dústria	R$ 1.400 (ela) R$ 1.800 (ele) Total: R$ 3.200	5 filhos(as)
Catarina	José	Não respondeu	Ensino superior completo (professor)	Professor	R$ 1.490 (líquida) Não informado	3 filhos(as)
Leila	Viúva				A avó auxilia-lhe com o envio de quantia mensal não informada.	3 filhos

Entrevis-tada(o)	Cônjuge/compa-nheiro(a)	Idade dele	Nível de instrução dele	Traba-lho/ocu-pação dele no Brasil	Renda fami-liar no Brasil	Número de filhos(as)
Sueli	Viúva				R$ 1.490 (líquido)	3 filhas
Jane	Solteira				De R$ 2.000 a R$ 4.000 (conforme o período da temporada)	2 filhos(as)

Fonte: elaborado pela autora

A maioria das haitianas entrevistadas não respondeu sobre a idade dos maridos. Das que responderam, a menor idade informada foi de 35 anos e a maior de 50 anos de idade. A escolaridade dos maridos/companheiros compreendeu desde o ensino fundamental incompleto (três) até o ensino superior completo ou em andamento (quatro). Quanto à atividade remunerada, dois trabalhavam em empresas diversas, dois em agroindústria e um na construção civil, todos no Brasil. Quanto à menor renda mensal percebida pelos homens no Brasil, a menor foi de R$ 1.350 e a maior de R$ 2.200. Três entrevistadas não souberam informar a renda dos maridos/companheiros. As informações auferidas apontaram que todos os maridos/companheiros ganham mais que as entrevistadas, mesmo ocupando o mesmo tipo de vaga de trabalho.

1.1.5 As razões para migrar para o Brasil segundo as(os) migrantes haitianas(os)

Nas entrevistas realizadas, os relatos ligados às motivações para migrar para o Brasil, as(os) haitianas(os) corroboraram o disposto nas reflexões teóricas e a cobertura realizada pela mídia sobre as razões para a população haitiana deixar o país. As narrativas a seguir demonstraram o seguinte:

> **Marielle e Aquiles:** Nossa vida no Haiti era muito difícil porque existem muitos problemas políticos, econômicos e de segurança pública. Há muitos bandidos na nossa cidade e não tem oportunidades de trabalho. Além disso, no Haiti, não existe escola gratuita. Um ano escolar no Haiti custa US$ 5.000. Tudo é muito caro, muito caro!

> **Tiago:** A razão que me levou a migrar para o Brasil é que quero trazer a minha família para cá. Porque na minha cidade há muitos problemas de segurança pública. Muitos ladrões, muitos bandidos. E no Haiti há muitos problemas políticos. Então, é muito difícil viver no Haiti.

> **Francis:** O motivo principal que me levou a migrar para o Brasil relacionou-se com as consequências do terremoto de 2010. Ele acabou com tudo o que nós tínhamos. Fiz um empréstimo no banco para recomeçar, porque eu trabalhava no comércio. Em dois meses os bandidos entraram três vezes na minha casa. Não tinha mais o que fazer. Então vendi um pequeno terreno e parti para o Brasil, para ter uma vida melhor.

Para Leila e Tereza, o motivo que repercutiu na transferência delas para o Brasil deveu-se à necessidade de trabalhar para ajudar a família. Para Sueli, o principal motivo para a mudança para o Brasil relacionou-se ao clima de insegurança no Haiti. As demais entrevistadas expuseram que:

> **Beatriz:** Eu vim para o Brasil porque eu e minha família gostamos muito daqui. Quando o Brasil abriu as portas para a chegada dos haitianos, eu falei com o meu marido e ele mudou-se para cá ainda em 2014.

> **Machado:** A razão que me motivou a vir para o Brasil é porque no Haiti não temos dinheiro, não temos nada. Precisamos de dinheiro para pagar a escola e alimentar os nossos filhos. Por isso, viemos ao Brasil para trabalhar e ter uma condição de vida melhor para os filhos.

> **Ângela:** Mudamos para o Brasil para encontrarmos um lugar melhor para vivermos. Lá no Haiti não trabalhávamos. Por isso meu marido teve a ideia de vir para o Brasil. Mesmo que não tivéssemos dinheiro, ele planejou e organizou nossa mudança, economizando um pouco de dinheiro por dia. (Livre tradução).

Quanto aos motivos para vir ao Brasil, Dandara narrou o seguinte:

> **Dandara:** Eu falei com amigos(as) que vieram por primeiro ao Brasil e disseram que tinham oportunidades de trabalho e dava para sobreviver. Então, passamos a vender tudo o que adquirimos na República Dominicana. Vendemos tudo para o meu marido vir primeiro. E para fazermos os documentos para a regularização no Brasil.

Evidenciaram-se nas narrativas os esforços empreendidos pelas(os) haitianas(os) para deixar o Haiti como uma alternativa para reconstruir a vida socioeconômica, política e familiar frente à experiência em um país marcado por tragédias ambientais, políticas, econômicas, que acompanham sua história. Perante a falta de expectativa de qualidade de vida no Haiti, suas(seus) conterrâneas(os) são impelidas(os) a viver em outro país que assegure, minimamente, uma perspectiva de futuro para si e seus familiares.

Os portais eletrônicos são fartos em notícias que contextualizam os relatos das(os) entrevistadas(os):

> No ano passado (2021), a violência das gangues saiu do controle nas cidades do Haiti, [...] 60% da população de Porto Príncipe pode estar agora sob o território controlado por grupos criminosos, o que representa pelo menos 1,5 milhão de pessoas (Grupos..., 2022, s/p).
>
> A situação do país [Haiti] está entre os dez conflitos mais preocupantes do mundo em 2022, segundo levantamento do Projeto de Dados de Localização e Eventos de Conflitos Armados (Acled, na sigla em inglês). O relatório alerta para o "alto risco de intensificar a violência de gangues em meio à instabilidade política", agravada pelo assassinato do presidente Jovenel Moïse, em 7 de julho. Analistas internacionais temem que a disputa entre gangues evolua para um conflito armado no país. [...] Homens armados da gangue "'400 Mawozo' incendiaram minha casa e mataram vários

dos meus vizinhos antes de queimar a casa deles", contou [...] o morador de um dos bairros violentos da zona norte da capital [...]. "Estupram as mulheres e as crianças quando conseguem entrar em uma casa" [...]. [...] "A fome está nos matando, mas não quero voltar para a área. Quero ir morar em outro lugar". A mesma coisa acontece com [...], que se define como "um refugiado de guerra". [...] O deslocamento (via terrestre) é muito perigoso. As autoridades perderam o controle das principais rotas de transporte para o sul e leste da cidade, através de áreas como Martissant e Croix-des-Bouquets, e gângsteres estão saqueando a população, estuprando mulheres e atirando em passageiros de ônibus ou carros [...]. Viajar por essas localidades [...] é estar preparado para se deparar com "corpos humanos, deixados à beira da estrada para serem comidos por cães" (Komarchesqui, 2022, s/p).

Muitas crianças haitianas vivem com medo de serem recrutadas, sequestradas, feridas ou mortas por gangues armadas. Crianças de até 10 anos, a grande maioria meninas, foram submetidas a estupro coletivo por horas na frente de seus pais em meio à explosão da violência das gangues. Uma em cada quatro meninas e um em cada cinco meninos foram abusados sexualmente na capital do Haiti (ONU..., 2022, s/p).

O Haiti está enfrentando uma verdadeira guerra interna, o que é denunciado pela cobertura de alguns meios de imprensa e a partir das narrativas das(os) entrevistadas(os) na tese. O evento mais recente diz respeito ao assassinato do presidente do Haiti, Jovenel Moïse, ocorrido em 7 de julho de 2021, ocasião em que um grupo armado atacou a residência presidencial, torturando e matando o presidente e alvejando a primeira-dama, Martine, que no momento fingiu estar morta para preservar sua integridade física.

> **Jane:** Eu gosto muito do meu país, o Haiti, mas eu o deixei por causa da dificuldade de conseguir trabalho, e dar uma vida melhor às crianças. Mesmo que concluam a graduação, ficam em casa ociosos, porque realmente não tem trabalho. Outro motivo é relacionado à autodestruição do país. Quando eu falo em guerra, não é guerra contra outros países, mas sim entre haitianos. Uma guerra interna. E, pior ainda, você constrói sua casa, mas o problema é que nessa rivalidade estão destruindo tudo o que nós construímos. Penso nas minhas filhas, preciso trabalhar para pagar a escola delas, porque no Haiti tudo é privado. E depois, elas podem graduar-se, e precisarão trabalhar, pois eu não poderei continuar mantendo-as. Então eu migrei para encontrar novas oportunidades de vida para as minhas filhas.

Esse assassinato desencadeou uma série de investigações, figurando como prováveis envolvidos políticos, policiais, ex-militares colombianos e empresários transnacionais. Segundo o jornal *El País*, o presidente Moïse estava em conflito com senadores, grandes empresários e com a Venezuela. Considerado impopular e autoritário, Moïse mantinha-se precariamente no cargo. Responsável por afastar empresários dos seus lucrativos negócios, manejar alterações constitucionais bastante impopulares e de aliar-se a Donald Trump contra a Venezuela, Moïse atraiu inimigos de diversos segmentos, que planejaram um suposto sequestro que culminou na sua morte (García, 2021).

> **Francis**: Até os meus 12 anos de idade, a vida no Haiti era boa. A partir dos anos 2000 os problemas políticos agravaram-se. Mas o que acabou mesmo com o nosso país foi o terremoto de 2010. A partir disso a criminalidade tomou conta e o governo não conseguiu fazer nada. Veja, até o presidente [Moïse] foi assassinado, e a polícia não conseguiu dar segurança a ele.

Além dos casos de corrupção e de disputas políticas, o Haiti é mergulhado na indústria dos sequestros, tráfico de armas e de drogas, além da crescente miséria. Composto por 11,3 milhões de habitantes, o Haiti apresenta Produto Interno Bruto (PIB) per capita de US$ 1,6 mil por ano — cerca de R$ 8,5 mil por ano — e aproximadamente 60% da população sobrevive com menos de US$ 2 por dia, o que equivale a pouco mais de R$ 10. Conhecido como o país mais pobre das Américas, possui um dos menores Índices de Desenvolvimento Humano (IDH) do mundo, ou seja, 0,51 (Número..., 2021; Paúl, 2021).

> **Tiago**: Há muitos problemas no Haiti: roubos, sequestros. E os bandidos cobram um alto valor pelo resgate. Por conta desse contexto, minha mãe adoeceu do coração e teve que ir para o hospital.

Sueli igualmente confirmou a realidade difícil que vivia no Haiti, especialmente após o homicídio do presidente Moïse, marcada por sequestros e violações de toda ordem.

> **Jane:** É muito complicado hoje em dia permanecer no Haiti. E ficará cada vez pior. Por exemplo, minha filha que estava no Haiti, perdeu o ano por medo de ir à escola, porque sequestraram duas crianças. Ainda, como ela acompanha as notícias, vê que estão matando pessoas dia a dia. Então, ela está muito estressada, porque tem medo de sair na rua. Por esse motivo, e por minha avó dizer que não tem condições de cuidar dela [filha], enviei minha filha para ficar sob os cuidados do meu irmão na República Dominicana. Mas ela não está feliz, porque a minha cunhada não se dá bem com ela, grita com ela. Então minha filha chora muito, não se sente bem. Na semana passada, ela ligou para mim e disse: "mãe, caso minha tia brigar comigo novamente, eu vou pegar as minhas roupas e fugir de casa". Comecei a chorar ao telefone, e ela respondeu-me: "não precisa chorar, não vou fazer isso por você". [...] Apesar de estar na República Dominicana, minha filha continua com medo de ir para a escola, mesmo com o pai levando-a até o estabelecimento. Lembrei-me de um episódio que mataram uma criança na escola no mesmo momento em que minha filha adentrou o prédio. Você sabe, as crianças ficam estressadas com essas coisas.

> **Jane:** Minha razão para sair do Haiti refere-se aos homicídios cotidianos, sem razão alguma. E isso parte o meu coração. Nessa semana sequestraram uma criança de 9 anos. É complicado! Grupos armados: esse é o problema. Quem tem problemas com o governo, o grupo armado não resolve com o governo, mas sim com a pessoa inocente, que não tem nada a ver com o conflito.

Prosseguindo a narrativa, Jane ilustrou a seguinte situação:

> **Jane:** Há um ano que eu estava no Brasil, uma criança, ao sair da escola, foi sequestrada. Foi morta. Sabe onde deixaram o corpo dela? No lixo! Imagina a mãe dessa criança! Eu não consigo ver essas notícias, porque lembro dos meus filhos.

Cerca de um mês após o homicídio do presidente Moïse, o Haiti sofreu dois terremotos em poucas horas, o primeiro de magnitude 7,2 e o segundo de 4,9. Ocasionando a morte de mais de 2.100 habitantes e em torno de 3 mil feridos. Os sismos também provocaram muitas perdas

materiais, com o desabamento de diversos edifícios e casas (Número...,
2021). Poucos dias após, o Haiti foi atingido por um ciclone que aumentou
o número de mortos e feridos, além da destruição no país. Diante disso,
a miséria alastra-se pelo país desde então e há colapso nos serviços de
saúde agravado pela pandemia de Covid-19.

O passado colonial somado ao conjunto de fatores políticos, econômicos, ambientais e sociais levou o Haiti a tornar-se um país dependente das remessas provenientes das migrações internacionais. Nesse sentido, estima-se que um terço da população haitiana (Magalhães, 2017) encontra-se em território estrangeiro, ou seja, a dinâmica migratória acompanha a história do país.

1.1.6 Como era a vida das(os) haitianas(os) entrevistadas(os) no país de origem

O cenário de desesperança vivido no Haiti pelas(os) entrevistadas(os) é detalhado nas narrativas a seguir, abrangendo relatos de crimes, privações das mais diferentes naturezas e a falta de expectativa de um projeto de futuro. Conforme Tiago:

> **Tiago**: Eu e minha esposa trabalhávamos numa loja. Certo dia, fomos furtados. Ao ligar para a proprietária da loja para relatar os fatos, ela disse que eu e minha esposa tínhamos que pagar pelos produtos furtados. Diante disso, fomos procurar outro serviço. Nessa época, tinha uma prima da minha esposa, cujo namorado estava providenciando a transferência dela para o Brasil. Ele enviou dinheiro para mim, para eu fazer um agendamento na embaixada do Brasil no Haiti. Eu pensei "se eu vou fazer um agendamento para ela [prima da esposa], farei o mesmo para mim". Depois de três a quatro meses recebi uma ligação da embaixada para eu pegar o meu passaporte. Em 2018, mudei-me para o Brasil.

Francis verbalizou que:

> **Francis**: Seu filho vai para a rua, ou para a escola, e você não tem certeza se ele voltará. Quando retorna à casa, você agradece a Deus. Está feio! Por isso que quem está fora do Haiti tem pressa de trazer os filhos.

Para Leila, no Haiti há guerras e muita miséria, tornando-se impossível ter qualidade de vida nesse país. Beatriz, por sua vez, reportando-se à precária situação da família extensa, explicitou:

> **Beatriz**: A situação no Haiti não está boa. Minha irmã trabalha por US$ 1.000 (um mil dólares) haitianos. Mas tudo é muito caro! Então ela não consegue dar dinheiro a nossa mãe, porque ela tem três filhos. E há dois anos, o esposo dela morreu. Está sozinha! Eu também tenho cinco filhos e não consigo enviar dinheiro para ela. Quando minha irmã consegue, ela fala comigo. "Aqui está muito difícil, situação muito mal". Quando eu cheguei em Chapecó, enviei dinheiro para ela comer.

Corroborando com os demais entrevistados, Ivanor evidenciou:

> **Ivanor**: Minha vida no Haiti não estava legal, porque há problemas no governo e pouca segurança. Além disso, eu tinha concluído a minha escolaridade. É difícil ir para a escola porque tem muita guerra. Então minha mãe decidiu enviar-me para outro país para eu dar continuidade aos estudos. Mas quando eu cheguei no Brasil a minha situação ficou muito pior, porque eu não tinha familiares próximos, tinha que trabalhar para sobreviver e ajudar a minha mãe. Quando eu cheguei aqui, tive que procurar um trabalho para sobreviver. Não sobra tempo para eu fazer faculdade, por que senão, quem vai cuidar de mim? Eu quem cuido de mim, com a ajuda de parentes.

Tereza, por sua vez, expôs o seguinte:

> **Tereza**: A vida no Haiti era muito difícil porque com 6 anos de idade perdi a minha mãe. Depois disso ficamos muito pobres. Era muito difícil, porque o meu pai não tinha dinheiro para pagar a escola. (Livre tradução).

A narrativa de Machado conjugou o sofrimento pela impossibilidade de trazer os filhos para o Brasil e o adoecimento:

> **Machado:** A vida no Haiti era inexplicável. Porque vivíamos todos os momentos do dia recorrendo a Deus para nos proteger, porque há muitos bandidos. Eles atacam e levam os seus familiares e pedem dinheiro em troca. Hoje em dia, eu e minha mulher temos muitos problemas, porque pensamos em nossos filhos. Eu não posso dormir e desenvolvi diabetes. Minha família não tinha diabetes no Haiti. Fico imaginando se sequestrarem meus filhos e pedirem dinheiro... "Senão eu vou sacrificar. Ande rápido, o mais rápido possível". Eu tenho as mãos da morte em minha face. É assim que eu e minha mulher vivemos, pensando, pensando. Eu vivo há cinco anos no Brasil, e não tenho dinheiro.

Outras entrevistadas igualmente trouxeram à tona narrativas do agravamento da condição de saúde ligada ao sofrimento vivido no Haiti e pelo afastamento dos(as) filhos(as), externalizando-se em adoecimento físico e mental, como veremos no item a seguir.

1.1.7 O adoecimento físico e mental das haitianas frente ao cenário desfavorável no Haiti

Catarina rememorou o início de aparentes surtos que irromperam quando ela morava no Haiti, provavelmente decorrentes de um quadro de adoecimento mental. O primeiro episódio ocorreu da seguinte forma:

> **Catarina:** Se não fosse pela minha saúde, há momentos em que eu penso em voltar para o Haiti. Mas por minha saúde, sou obrigada a ficar aqui. Certo dia, eu tinha saído da escola — eu trabalhava em sala de aula —, e quando cheguei em casa, comecei a sentir algo estranho na minha cabeça. Eu não conseguia dormir. Eu não tinha dor, mas sabia que não estava bem. Repentinamente, comecei a falar muito, muito. Depois disso, senti que estava caminhando. Quando eu avistava um carro, queria me jogar embaixo do veículo. Então, todo o meu corpo passou a tremer, tremer. Eu não podia dormir, eu não podia comer. Como uma pessoa que ficou "louca". (Livre tradução).

Em um outro episódio, testemunhado pelo filho de Catarina, a crise desdobrou-se da seguinte maneira:

> **Catarina**: Uma vez, meu filho estava lá... Disse que eu me atirei numa fossa. Doze pessoas pegaram uma corda para me retirar da fossa. Eu fiquei cerca de 10 dias com o odor de banheiro no meu corpo. Meus familiares buscaram um psicólogo, porque eu não falava disso. Eu não falo disso. (Livre tradução).

Frente ao sofrimento experenciado por Catarina, familiares passaram a prestar-lhe conselhos sobre caminhos para restabelecer a saúde mental:

> **Catarina**: Uma irmã disse para mim, muito tempo depois, que eu deveria tomar remédios para ficar viva, reviver. Outro familiar sugeriu que eu fosse para outro país, para encontrar medicamentos. É por essa razão que eu deixei o meu país. (Livre tradução).

1.1.8 A migração para a República Dominicana como uma alternativa de sobrevivência para as haitianas

O fluxo migratório de muitas mulheres haitianas inicia na República Dominicana, para onde as famílias se dirigem procurando um meio de sobrevivência. Segundo os últimos dados do Banco Mundial e do governo dominicano, 60% da população haitiana vive na pobreza contra 24% na dominicana. A pobreza extrema chega a 24% no Haiti enquanto é de 3,5% do outro lado da fronteira (Marco, 2022).

A crise econômica em curso no Haiti, os desastres naturais e os conflitos políticos, historicamente, fizeram com que muitos haitianos buscassem uma vida melhor, ou pelo menos uma maneira de ganhar dinheiro, no país com o qual compartilham a ilha. De acordo com a última Pesquisa Nacional de Imigrantes na República Dominicana, em 2017, havia meio milhão de haitianos no país, representando 87% da população estrangeira. Mas, cinco anos depois e com o acirramento dos problemas no Haiti, especialistas dizem que esse contingente de imigrantes pode ser 25% maior (Marco, 2022).

Figura 2 – Mapa da Ilha Hispaniola (Ilha de São Domingos)

Fonte: BBC (2022)[16]

Antes de migrar para o Brasil, observamos na narrativa de Dandara que ela viveu por cerca de oito anos na República Dominicana, onde trabalhou como massagista em um hotel e vendedora. Segundo a entrevistada:

> **Dandara**: Foi nessa época que eu e meu marido conseguimos economizar dinheiro. Compramos um terreno e uma motocicleta, que ficaram com Zélio, para cuidar das crianças e levá-las na escola.

Porém, a partir de 2013, houve o aumento da frequência de situações de racismo contra haitianos na República Dominicana, o que implicou no retorno de Dandara ao país de origem.

> **Dandara**: Os dominicanos passaram a queixar-se dos haitianos que lá trabalhavam. A falar mal. Eu pedi para o meu chefe para me demitir, mas ele gostava muito do meu trabalho, porque eu trabalho bastante, nunca falto, nunca atraso, atendo bem o cliente... Americano, canadense... Eu falo várias línguas: inglês, francês, espanhol, creolo... Mas devido ao racismo contra haitianos, eu voltei para o meu país.

---

[16] Acesso em: 10 maio 2024.

Em 20 de fevereiro de 2022, o presidente do país, Luis Abinader, anunciou: "A República Dominicana não pode assumir a crise política e econômica do Haiti ou resolver o resto de seus problemas" (Marco, 2022, s/p). Por outro lado, ele reconhece que os haitianos são fundamentais para a economia dominicana, a segunda que mais cresceu na América Latina e no Caribe na última década. Estima-se que 80% da força de trabalho nos setores agrícola e de construção civil na República Dominicana seja haitiana.

"O dominicano precisa do haitiano, o haitiano precisa do dominicano", resume Novilia, uma haitiana entrevistada pela BBC, em sua humilde casa. Apesar dessa realidade ser aceita por quase todos na ilha, muitos haitianos enfrentam problemas para regularizar sua situação imigratória e, às vezes, convivem com hostilidade de seus vizinhos do leste. Recentemente, uma polêmica decisão de 2013 "desnacionalizou" mais de 130 mil dominicanos de ascendência haitiana. O Tribunal Constitucional dominicano entendeu que pessoas nascidas no país desde 1929 e cujos pais estrangeiros não tivessem personalidade jurídica não correspondiam à nacionalidade dominicana (Marco, 2022).

Bridget Wooding, diretora do Centro de Pesquisa Aplicada em Dinâmica Migratórias (Obmigra), afirma que o "muro perimetral [que está sendo construído na divisa entre República Dominicana e Haiti] faz parte de um projeto que tenta mostrar o haitiano como um invasor". "Há muito preconceito contra um grupo étnico e seus descendentes, os haitianos, devido às complexidades da história sociocultural" (Marco, 2022, s/p).

Durante a entrevista que realizamos com Jane, esta revelou que antes de morar no Chile, viveu por quatro anos na República Dominicana. Outra entrevistada, Beatriz, narrou ter vivido por cerca de 20 anos na República Dominicana, partindo do Haiti quando tinha por volta dos 18 anos de idade. Naquele país, comprou uma casa e deixou dois dos seus cinco filhos na República Dominicana.

É interessante notar, que as haitianas que viveram por algum tempo na República Dominicana, antes de migrar para o Brasil, conseguem se comunicar em espanhol, visto que é a língua oficial daquele país. Nesse sentido, a comunicação conosco se tornou mais fácil durante os contatos realizados para as entrevistas.

1.1.9 O percurso migracional das(os) haitianas(os) entrevistadas(os)

Marielle veio ao Brasil de avião, do Panamá para São Paulo, e seguiu até São João Batista (SC) de ônibus. Residiu por dois anos nessa última cidade. Ela migrou para o Brasil sozinha no ano de 2019. Por sua vez, Dandara verbalizou ter realizado uma viagem difícil do Haiti para o Brasil, ocorrida no ano de 2014. O marido já estava em Chapecó (SC), e Dandara viajou com a filha de cerca de 1 ano de idade na época. Entrou na República Dominicana e de lá seguiu de avião para a Bolívia. Seguiu para o Equador de avião, e de lá para o Peru. Percorreu seis dias de ônibus com a filha no colo, até chegar na fronteira com o Brasil, pelo Acre. Nesse estado, permaneceu por oito dias na capital, Rio Branco, para fazer a documentação. Segundo relatou, o governo brasileiro conduziu os(as) migrantes de ônibus até São Paulo. Da capital paulista, partiu de ônibus para Chapecó (SC). Enfatizou ter viajado por 11 dias e meio de ônibus, com a filha no colo, o que foi muito cansativo. Entretanto, de acordo com Dandara, "eu pensei, é uma viagem muito longa e cansativa, mas eu tinha fé em Deus, e acredito que será melhor para mim e minha família aqui no Brasil".

A trajetória migracional de Tiago percorreu a ida até a República Dominicana, para pegar um avião no Panamá, e de lá seguir para São Paulo. Da capital paulista, o entrevistado seguiu para Navegantes (SC). Referiu-se à dificuldade da viagem, porque não tem um voo direto do Haiti para o Brasil, então, para seguir à República Dominicana, é necessária a emissão de um visto. O entrevistado viajou sozinho no ano de 2018.

Francis, por sua vez, reportou que o percurso migracional dele percorreu o seguinte trajeto: adentrou a República Dominicana, de lá viajou de avião para o Equador, atravessando a fronteira com o Peru de táxi. Desse último país, viajou em um ônibus clandestino até o Acre. Saiu do Haiti no dia 16 de julho, e no dia 23 do mesmo mês chegou ao Brasil. Viajou sozinho.

Com relação à Antonieta, o marido, Francis, providenciou o visto para ela vir ao Brasil. Isso possibilitou que Antonieta viajasse ao Brasil em um voo direto da República Dominicana para São Paulo. De lá ela viajou de avião até Navegantes (SC), onde o marido foi buscá-la no aeroporto.

Leila, por sua vez, viajou sozinha do Haiti para o Brasil seguindo a rota da República Dominicana, de lá a São Paulo de avião, com visto para entrar no Brasil. A rota migracional de Jane teve como primeiro destino o Chile, onde permaneceu por cerca de oito meses. Disse em entrevista não ter gostado de viver no Chile, então rumou sozinha para o Brasil de ônibus, percorrendo a fronteira com a Bolívia, adentrando o país por Corumbá (MS) e, em seguida, viajou de ônibus até o destino final, Florianópolis. A viagem ocorreu no ano de 2018.

Já Beatriz reportou que vieram ao Brasil o marido em 2014, ela em 2016, e os filhos em 2018. O marido providenciou três vistos e três bilhetes aéreos, o que foi muito caro para a família. Segundo ela, percorreram a República Dominicana, Panamá, Manaus, São Paulo, e, por fim, Chapecó (SC). No caso de Ivanor, viajou sozinho ao Brasil no ano de 2017, com visto, o que possibilitou sair da República Dominicana e pegar um avião do Panamá a São Paulo, e de lá a Florianópolis. O mesmo fluxo migracional foi seguido por Sueli.

Tereza e o marido, Mário, viajaram juntos para o Brasil. Como ambos tinham visto, passaram pela República Dominicana, Panamá, Manaus, São Paulo e Navegantes (SC). Machado veio por primeiro ao Brasil, e dois anos depois, Conceição aportou no país. Ambos percorreram a mesma trajetória migracional, seguindo da República Dominicana para o Panamá, de lá a São Paulo, e, então, de Florianópolis a Chapecó (SC).

Luiz veio primeiramente ao Brasil, sozinho, em 2016, e, um ano após, a esposa Ângela chegou ao destino final, também sozinha. Essa última chegou ao Brasil percorrendo a seguinte rota: República Dominicana ao Panamá, do Panamá a Porto Alegre, e, por fim, a Florianópolis. A travessia foi realizada integralmente por viagem de avião. Catarina relatou apenas que passou primeiramente pelo Chile e depois veio diretamente a Florianópolis. Não precisou mais informações sobre o fluxo migracional.

A seguir, uma arte que sintetiza os principais fluxos migratórios de haitianas(os) ao Brasil. Como é possível observar, a arte é bastante representativa dos percursos seguidos pelas(os) entrevistadas(os) desta obra.

Figura 3 – O que fazer com os imigrantes do Haiti? O Brasil recebe cada vez mais haitianos que fogem da devastação após o terremoto. A lei não permite que eles sejam acolhidos como refugiados

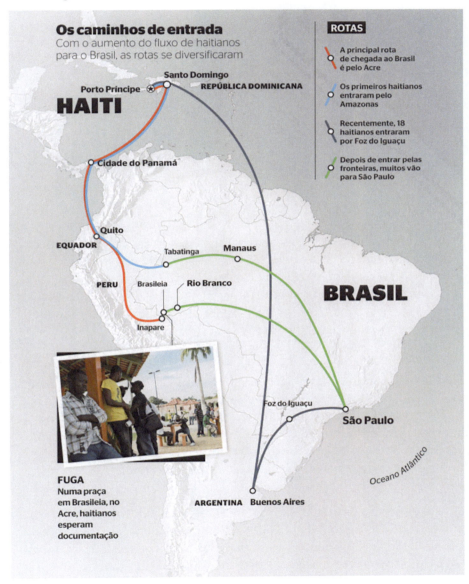

Fonte: UFPR ([2022])[17]

---

[17] Acesso em: 13 ago. 2023.

1.1.10 Chegada das haitianas ao Brasil: apoios e adaptação

Sobre a experiência dos primeiros dias no Brasil, Dandara vivenciou o seguinte:

> **Dandara**: Eu e minha filha chegamos ao Brasil por volta das 20h numa sexta-feira. Estava frio e o comércio estava fechado. Encontrei vários haitianos dormindo na rua. Como eu tinha dinheiro, fiquei em um hotel com a minha filha. Na segunda-feira, fui atendida pela Polícia Federal, onde recebi um protocolo para seguir até Rio Branco (AC). Nessa cidade, foram feitos o CPF e a carteira de trabalho.

A respeito da vinda de Dandara e demais familiares para Chapecó (SC), a entrevistada confidenciou:

> **Dandara**: Meu esposo conheceu um haitiano na República Dominicana que se transferiu para Chapecó (SC) no ano de 2013. Em contato telefônico, ele disse ao meu marido que a cidade era tranquila para se viver. Ao contrário de São Paulo, que segundo o haitiano, era muito perigosa. Por isso, viemos para Chapecó (SC). No início, eu não conhecia ninguém, tão somente uma prima que morava em Curitiba.

> **Dandara**: Quando eu e minha filha chegamos em Chapecó (SC), estava muito frio. Logo, desenvolvemos rinite e tivemos febre e sangramento nasal. Eu levei minha filha no posto de saúde, e relatei que só tínhamos roupas para o verão, porque no Haiti é calor o ano todo. Logo, as enfermeiras começaram a mobilizar-se, e no mesmo dia ganhei três cobertores. Além disso, minha filha começou a ganhar roupas de inverno doadas e eu também.

Quanto à adaptação à língua portuguesa, conforme Dandara, o aprendizado da língua foi ágil, pois já dominava a língua espanhola. Em aproximadamente três meses de estadia no Brasil, a entrevistada já começou a se comunicar na nova língua. Apontou que os filhos igualmente aprenderam com facilidade o português. Dandara acresceu que são poucas as oportunidades de haitianos(as) aprenderem português no país de origem, pois o curso é privado. Mencionou ainda que o principal suporte quando chegou ao Brasil foi prestado pelo marido, que já estava em Chapecó (SC).

Machado assinalou que o apoio dos cunhados, Dandara e Zélio, logo que chegou ao Brasil, foi indispensável para a adaptação no novo país. Outros compatriotas também o auxiliaram nesse processo. Quando a esposa, Conceição, adentrou no país de destino, já havia uma rede de afetos que a auxiliaram na adaptação. Apesar disso, Conceição revelou que a chegada no Brasil foi difícil, pois levou cerca de sete meses para conseguir um trabalho. No momento da entrevista estava desempregada.

Tiago expôs que logo ao chegar em Itapema (SC), recebeu o apoio do padrinho da esposa, que inclusive auxiliou a custear a passagem aérea para ele viajar ao Brasil, e o hospedou em casa por cerca de um ano. Depois disso, encontrou um amigo, e veio a residir com ele. Como conseguiu um trabalho, começou a dividir as despesas de aluguel, luz, internet, alimentação com o referido amigo. Até o momento da entrevista, estava dividindo a moradia com o mesmo amigo. Relativo ao aprendizado da língua portuguesa, mencionou que ocorreu a partir do uso de ferramentas como o YouTube e o Google Tradutor. Apontou ter demorado cerca de três anos para falar fluentemente o português, pois, na empresa em que trabalhava, há muitos haitianos e todos falam o creolo. Por isso, cada vez mais quer treinar, escutar e conseguir se comunicar em português.

Jane verbalizou que o primeiro lugar que se estabeleceu no Brasil foi em Florianópolis, município ao qual rapidamente se adaptou. Nos quatro primeiros meses no país, fez um curso de camareira, e, logo em seguida, ingressou no mercado de trabalho. Antes disso,

> **Jane:** Eu estava morando no Chile quando passei a conversar com um haitiano, amigo de longa data. Eu queria sair do Chile porque não aguentava a temperatura fria que fazia no país. Este amigo incentivou-me a ir para o Brasil e hospedou-me na casa dele. Passamos a ter um relacionamento afetivo que perdurou por cerca de 19 meses. No decorrer do relacionamento, ele passou a ser agressivo comigo, e sofri violência física e psicológica. Quando passei a dizer que queria trazer meus filhos para o Brasil, ele tornou-se ainda mais agressivo. Certo dia, conversei com ele para pormos um fim ao relacionamento afetivo. Porém ele passou a gritar e agredir-me fisicamente. Quando ele foi para o trabalho, peguei meus pertences pessoais e saí de casa. No mesmo dia, aluguei outra moradia para mim. Como eu fiquei muito abalada, por meio de amigos, consegui o contato de um psicólogo, que me atendeu gratuitamente.

No mês de setembro de 2016, Beatriz iniciou a vida em Chapecó (SC), e logo conseguiu emprego numa agroindústria. Os filhos foram inseridos em escola municipal, aprenderam o idioma português e fizeram amizades. A família também apreciou o fato de a escola oferecer alimentação. Relatou que ao chegar no Brasil, a adaptação foi fácil, pois o marido já a aguardava em Chapecó (SC), e auxiliou-a, dentre outras questões, a conseguir um trabalho.

Já Ângela, ao chegar no Brasil, veio diretamente a Itapema (SC), onde seu marido a esperava. Em seguida, alugaram uma casa para morar. Assim que chegou ao Brasil, conseguiu ter uma oportunidade de trabalho: "Cheguei no Brasil em outubro, e até o mês de dezembro eu já tinha passado três meses no meu serviço. E até agora eles têm me chamado". A adaptação ao país foi facilitada, porque o marido dela já estava no Brasil.

Catarina expôs que a adaptação ao Brasil foi fácil, porque tem muita fé em Deus. A referida contou com o apoio de amigas, uma brasileira e outra francesa que mora no Brasil, as quais a apoiaram nos primeiros tempos no país. Revelou que ao chegar no Brasil, primeiramente, fez um curso profissionalizante. Depois disso, conseguiu trabalhar como diarista em um hotel. Informou que atualmente trabalha na limpeza de uma farmácia.

Já para Sueli, ao aportar no Brasil, encontrou um amigo compatriota que a auxiliou com a hospedagem. Depois disso, procurou um trabalho e uma casa para morar. Importante ressaltar que a entrevistada contou com o suporte financeiro da filha mais velha, que habita na França.

Marielle permaneceu um ano indocumentada no país e, por consequência, um ano sem trabalhar. Disse ter sido uma fase muito difícil, e que chegou a dormir na rua. Nesse decorrer, entrou em contato com um amigo haitiano que morava em Balneário Camboriú (SC), o qual a auxiliou a providenciar o CPF e a autorização de residência.

Segundo Francis, na sua vinda ao Brasil, foi auxiliado por uma amiga haitiana que morava em Santo Amaro da Imperatriz (SC). Em seguida, surgiu uma oportunidade de trabalho em Itapema (SC), município em que se fixou. Quando a esposa, Antonieta, migrou para o Brasil, ele recebeu-a e conseguiu um trabalho provisório para ela em uma peixaria.

Para Leila, a ajuda de uma amiga, logo que chegou ao Brasil, nas necessidades básicas, foi indispensável para a adaptação dela ao país, pois demorou cerca de um ano para conseguir um emprego. A entrevistada reforçou não ter familiares residentes no Brasil. No momento da entrevista, não estava trabalhando devido a uma lesão na perna. Na entrevista, foi possível identificarmos que Leila não conseguiu aprender a língua portuguesa, tampouco se comunicava em francês, então, foi preciso contarmos com o apoio de um tradutor para compreendermos a língua creolo.

Ivanor comentou que, na vinda dele ao Brasil, enfrentou muitas dificuldades. Conhecia alguns haitianos que lhe encaminharam para um trabalho informal. Trabalhou duramente cavando buracos de dois a três metros em estradas, cuja remuneração foi muito baixa, auxiliando-o apenas na sobrevivência, custeando as despesas de alimentação e de aluguel. Tereza e o marido, Mário, viajaram juntos ao Brasil, então, puderam se apoiar mutuamente durante a adaptação ao novo país.

1.2 A MIGRAÇÃO POR DEPENDÊNCIA: COMPREENSÃO DA DIÁSPORA HAITIANA PARA A REGIÃO SUL DO BRASIL

Uma das consequências dos processos migratórios que assolam o Haiti diz respeito à reconfiguração das famílias das migrantes, as quais são reordenadas a partir da transnacionalização dos vínculos familiares. Denominando-se famílias transnacionais, tais agrupamentos familiares, embora distendidos em vários pontos do globo, não perdem os vínculos quando inseridos em novos contextos sociais. Pertencem ao referido agrupamento todas as pessoas envolvidas na situação de migração: os adultos, as crianças, quem fica, quem migra, quem retorna e quem transita (Mejía; Bortoli; Lappe, 2015).

Quadro 4 – Processos de transnacionalização das famílias das(os) entrevistadas(os)

Entrevistada(o) Cônjuge ou companheiro(a)	Família de Origem	Ano da Chegada ao Brasil	País(es) que o(a) Entrevistada(o) Atravessou no Fluxo Migracional	Migrou sozinha(o) ou acompanhada(o)
Marielle	6 irmãos de Marielle (4 homens e 2 mulheres). Não conheceu o pai	2019	Haiti-Panamá Panamá-São Paulo	Sozinha
Aquiles		2017		

Entrevistada(o) Cônjuge ou companheiro(a)	Família de Origem	Ano da Chegada ao Brasil	País(es) que o(a) Entrevistada(o) Atravessou no Fluxo Migracional	Migrou sozinha(o) ou acompanhada(o)
Dandara	11 irmãos de Dandara	2014	Haiti-República Dominicana	Com a filha de 1 ano de idade
Zélio		2012	República Dominicana-Bolívia Bolívia-Equador Equador-Peru Peru-Acre	
Conceição	Pai, mãe e 5 irmãos (1 irmão e 4 irmãs) de Conceição	2019	Haiti-República Dominicana	Sozinha
Machado		2017	República Dominicana-Panamá Panamá-São Paulo	
Ângela	Mãe de Ângela. Não conheceu o pai	2017	Haiti-Panamá	Sozinha
Luiz		2016	Panamá-Porto Alegre	
Antonieta	7 irmãos (2 homens e 5 mulheres) de Frantz	Não informado	Haiti-Panamá	Sozinha
Francis		Não informado	Panamá-São Paulo	
Teresa	5 irmãs de Teresa	Não informado	Haiti- Panamá	Com o marido
Mário		Não informado	Panamá-Manaus	
Tiago	3 irmãos (2 homens e 1 mulher) de Tiago;	2018	Haiti-Panamá	Sozinho
Carolina	2 irmãos (1 mulher e 1 homem) e a mãe de Carolina	No Haiti	Panamá-São Paulo	

Entrevistada(o) Cônjuge ou companheiro(a)	Família de Origem	Ano da Chegada ao Brasil	País(es) que o(a) Entrevistada(o) Atravessou no Fluxo Migracional	Migrou sozinha(o) ou acompanhada(o)
Leila	1 tia	Não informado	Haiti-Panamá Panamá-São Paulo	Sozinha
Sueli	4 irmãs	2020	Haiti- República Dominicana República Dominicana-Panamá Panamá-São Paulo	Sozinha
Jane	Não informou	2018	Haiti- Panamá Panamá-Chile Chile-Bolívia Bolívia-Brasil	Sozinha
Beatriz	Pai, mãe e 1 irmã de Maria Beatriz	2016	Haiti-República Dominicana República Dominicana-Panamá Panamá-Manaus	Sozinha
Milton		2014		
Ivanor	Pai, mãe e 7 irmãos (4 mulheres e 3 homens) de Ivanor	2017	Haiti-Panamá Panamá-São Paulo	Sozinho
Isabel		Haiti		
Catarina	8 irmãos (4 irmãs e 4 irmãos)	2018	Haiti- Panamá Panamá-Chile Chile- Brasil	Com 1 filho
José		Haiti		

Fonte: elaborado pela autora

Da análise do Quadro 4, depreendemos que a maioria das entrevistadas apontou as figuras parentais do pai, da mãe e de irmãos(ãs) como integrantes da família extensa. Apenas uma entrevistada indicou a figura da tia como integrante da família extensa dela. As entrevistadas transferiram-se para o Brasil entre os anos de 2014 e 2020. No caso das casadas ou em união estável, o marido ou companheiro veio ao Brasil em primeiro lugar (cinco entrevistadas). Apenas uma haitiana veio antes do marido.

A entrevistada que aportou ao Brasil no ano de 2014 chegou ao Brasil por meio da tríplice fronteira (conforme Figura 2), e viajou a maior parte do percurso de ônibus. Das 13 entrevistadas, 10 viajaram sozinhas, uma com o marido e uma com o filho.

Um desses vínculos mantidos entre as famílias transnacionais diz respeito ao envio de remessas, comumente realizado por quem migra para o outro país. Segundo Joseph (2023), o envio de remessas desempenha um papel importante nas dinâmicas migratórias, pois é revelador do sucesso econômico da viagem e uma maneira de cultivar as relações da família transnacional. Além de manter as pessoas que ficam, torna-se um recurso para planejar um possível retorno, seja por meio da construção de uma casa ou o planejamento de um negócio no país de origem (Joseph, 2023).

Após sediados no Brasil, a maior parte dos(as) migrantes haitianos(as) viu-se frustrada diante da realidade socioeconômica brasileira, caracterizada pelas oportunidades de trabalho em setores operacionais e baseados na superexploração da força de trabalho, por baixos salários e pelo alto custo de vida no Brasil. A esse respeito, estudo promovido por Mejía, Bortoli e Lappe (2015) identificou que a remuneração obtida pelas migrantes haitianas, na maior parte das vezes, é insuficiente para sustentá-las no Brasil e enviar auxílio financeiro aos familiares no Haiti. Situação que tem se agravado desde a chegada dos migrantes haitianos ao Brasil até o ano de 2015, em razão do significativo aumento do dólar.

Magalhães (2017) explicita que as remessas se constituem em um mecanismo de expansão do consumo das famílias receptoras, incidindo numa relação de dependência, a qual é nomeada pelo autor de "dependência de remessas". O passado colonial somado ao conjunto de fatores políticos, econômicos, ambientais e sociais levou o Haiti a tornar-se um país dependente das remessas provenientes das migrações internacionais. Nesse sentido, estimando-se que um terço da população haitiana se encontra em território estrangeiro, a dinâmica migratória acompanha a história do país.

As remessas são geradas, aponta Magalhães (2017), a partir da economia do salário, muito embora existam as condições precárias de remuneração e os custos elevados com a locação de imóvel. Os recursos são poupados, muitas vezes, de gastos com consumo e lazer, e viabilizados por múltiplas jornadas de trabalho. Para compreender se o migrante é proveniente de família que desenvolveu relação de dependência com as remessas, é necessário analisar a finalidade do envio, por parte do migrante, e da forma de uso das remessas, por parte da família receptora.

Para compreender o fenômeno emigratório no Haiti, Magalhães (2017) recorreu a dois conceitos-chave: "dependência de remessas" e "síndrome emigratória" no Haiti. De acordo com o autor, o primeiro conceito

> [...] expressa a necessidade crescente que algumas famílias envolvidas no processo migratório têm dos recursos enviados pelos familiares ao país de origem. Esta dependência faz menção direta não tanto ao nível dos recursos enviados, mas mais à forma com que estes recursos são utilizados. Neste sentido, as famílias serão dependentes à medida que tais recursos sejam predominantemente utilizados para o consumo, a subsistência da família, o pagamento dos gastos correntes com alimentação e educação, por exemplo (Magalhães, 2017, p. 244).

Ou seja, a forma de utilização das remessas expressa o nível de estratificação econômica do país, sendo que nos domicílios mais pobres o uso das remessas será realizado principalmente para despesas ligadas ao consumo familiar.

A ausência de estruturas inclusivas no país de origem implica na manutenção do consumo somente com o afluxo de novas remessas, o que incide na emergência de novos fluxos migratórios, caracterizado pela migração de outros familiares que permaneciam no país de origem até então.

Tal sistemática repercute na chamada "síndrome emigratória", assinala Magalhães (2017). Fruto de uma condição de dependência de remessas, "expressa a situação-limite de centralidade das migrações internacionais para a manutenção material de inúmeras famílias, e a elevação das remessas a um status de elemento da dinâmica migratória — dado que condiciona novos fluxos ao exterior" (Magalhães, 2017, p. 245). Ou seja, o projeto migratório haitiano é mais do que um projeto individual, haja vista o fato de configurar-se numa estratégia familiar de manutenção do nível de consumo, prejudicado com o acirramento da crise socioeconômica posterior ao terremoto de 2010 no Haiti.

Tiago, um dos entrevistados, revelou o seguinte acerca do envio de remessas a familiares:

> **Tiago**: A cada mês eu envio dinheiro para o Haiti, porque é minha responsabilidade. Agora, é muito caro! Enviar US$ 100 para o Haiti equivale a R$ 600. Eu pago aluguel e demais despesas nessa cidade [Itapema], e é muito caro. Eu divido o aluguel com um amigo, cujo valor total é R$ 1.100 mensais. Somam-se a isso despesas com alimentação, energia elétrica e abastecimento de água. É difícil! Porque o preço dos produtos haitianos é exagerado. E não tem trabalho para a minha esposa, então ela fica na nossa boutique. Eu enviei US$ 100 para a minha esposa, então ela comprou produtos para a loja e para se alimentar.

Dandara, por seu turno, narrou o seguinte:

> **Dandara**: Não é impossível enviar dinheiro para familiares no Haiti. O problema é que nem sempre sobra, então eu ajudo com pouquinho. Minha família é muito numerosa. Eu tenho um irmão que tem 10 filhos. Eu tenho 61 sobrinhos, sendo que cinco estão no Brasil.

Na pesquisa, algumas entrevistadas revelaram o montante mensal enviado aos familiares a título de remessas, demonstrando o seguinte panorama:

Quadro 5 – Envio de remessas ao Haiti pelas(os) entrevistadas(os)

Entrevistada	Familiar que auxilia no Haiti	Montante mensal
Marielle	Filha	US$ 50 equivalente a R$ 300
Conceição	Pais dela e madrasta do marido	US$ 200 equivalente a R$ 1200
Leila	Está desempregada	-
Ângela	Mãe	Não precisou o valor
Sueli	Filhas	Não precisou o valor
Tiago	Esposa	US$ 100 equivalente a R$ 600

Entrevistada	Familiar que auxilia no Haiti	Montante mensal
Jane	Filha na República Dominicana	Não precisou o valor
Ivanor	Pais, esposa e filho	Não precisou o valor

Fonte: elaborado pela autora

Na pesquisa de Magalhães (2017), o autor concluiu que as remessas são utilizadas prioritariamente para a compra de alimentos, consumo e subsistência familiar. Isto é, aliviam a condição de vulnerabilidade familiar, mas não permitem a elevação do patamar socioeconômico das famílias receptoras de remessas.

Nessa toada, apesar de as remessas possuírem uma importância emergencial, de curto prazo, posto que se concentra majoritariamente na aquisição de alimentos, causa pouco impacto na superação das condições econômicas e sociais vigentes, pouco contribuindo no desenvolvimento socioeconômico do Haiti (Magalhães, 2017).

A complexidade da dinâmica socioeconômica e política que atravessa a história do Haiti, fruto de um sem-número de investidas colonizatórias, e que se reatualiza no momento presente, a análise dos impactos para as famílias haitianas, da transnacionalização dos vínculos familiares e sobre a reunificação familiar, prescinde do aprofundamento teórico e epistemológico para a melhor compreensão. É nesse diapasão que recorremos às Epistemologias Feministas, dentre elas as Epistemologias Negras e a Interseccionalidade.

CAPÍTULO 2

EPISTEMOLOGIAS FEMINISTAS COMO CONSTRUCTO DE UM CAMINHO METODOLÓGICO

2.1 EPISTEMOLOGIAS FEMINISTAS ABRINDO ESPAÇOS PARA A PESQUISA EMPÍRICA

Deslindar os processos nos quais a desigualdade de gênero é engendrada e perpetuada requer o aporte de referenciais teórico-metodológicos consistentes e, nessa seara, as epistemologias feministas têm se mostrado deveras contributivas para tal intento. É nesse percurso que fizemos a opção política pelas Epistemologias Feministas enquanto referencial epistemológico para guiar a presente pesquisa[18].

A epistemologia é um ramo da filosofia que estuda o conhecimento e uma das principais questões que ela suscita é "quem pode ser sujeito do conhecimento"? Podem sê-lo as mulheres? Em seu livro *Ciência e Conhecimento*, Sandra Harding (1996) indaga: quem define o que é ciência e o que é científico? Quem define os tipos de problemas (questões ou situações) que devem ser priorizados como ciência?

A autora argumenta que as epistemologias tradicionais excluem as mulheres como sujeitos ou agentes do conhecimento, sustentam que a voz da ciência é masculina e que a história foi escrita do ponto de vista dos homens. Portanto, as epistemologias feministas estudam o conhecimento a partir das mulheres, com vistas à elucidação dos dilemas postos pela racionalidade, objetividade, neutralidade e universalidade — fixados pelos homens. Para Sandra Harding (1996), essa visão androcêntrica se manteve ao longo de séculos (e ainda se mantém em várias sociedades e contextos) reforçando uma relação de constituição mútua entre o sujeito masculino e o seu conhecimento: definindo a mulher como inadequada para o desenvolvimento das atividades científicas, definia a si mesmo como superior, assegurando o seu próprio saber.

---

[18] Nesta obra, definimos como principal marcador analítico o gênero, embora sabedoras da relevância da questão racial como eixo analítico, o que é corroborado pelos próprios sujeitos cognoscíveis desta pesquisa.

Os estudos feministas não pretendem afirmar que "as mulheres vão fazer outra ciência", mas sim defender que os indivíduos são sujeitos (pessoas) historicamente corporificados, cuja perspectiva é uma consequência daquilo que são e de como vivem — formação, valores, pontos de vista entre outros. Nesse sentido, os feminismos defendem que o sujeito do conhecimento é um indivíduo histórico particular, cujo corpo, interesses, emoções e razão estão constituídos por seu contexto histórico concreto, e são, especialmente, relevantes para a epistemologia (García; Sedeño, 2002).

As Epistemologias Feministas questionam todo e qualquer discurso ou teoria que se impõe como verdade. Não se apegam normativamente a conceitos porque consideram que não é possível traçar um perfil único e universal de pessoa (ou mulher), pois nele estão implicadas as diferentes culturas, raças e etnias, gerações, orientação sexual, religião, classe social, entre outros aspectos. Mais do que investigar as causas da opressão e o grau de exploração pelos quais passam as mulheres, as epistemologias feministas andam em paralelo com os movimentos feministas, na medida em que se propõem a pensar ações para superar as opressões. É por esse motivo que a relação entre prática e teoria é tão importante para o feminismo, porque se parte do pressuposto de que nossos objetos de estudo integram uma conjuntura global, na qual os fenômenos aparecem como históricos, contraditórios, vinculados entre si e sujeitos a modificações (Salgado, 2008, s/p).

Os procedimentos que acompanham a metodologia feminista consistem na visualização e na escuta das mulheres, com a explícita intencionalidade de "visibilizar para transformar" (Salgado, 2008, s/p.). Transformar, no sentido de desnaturalizar as rígidas construções de gênero (e dos papéis de gênero) impostos pela sociedade ao longo da história. Marta Salgado enaltece ainda as emoções, as decisões e a resolução de dilemas, além da noção coletiva de viver uma condição de gênero enquadrada na história como constituintes da experiência.

A "experiência" profissional ou a "experiência" de um(a) investigador(a) é muito valorizada pelas epistemologias feministas, uma vez que, estando em campo, a realidade é tomada como ponto de partida, tanto em sua dimensão subjetiva como em suas implicações sociais (Mies, 2002). E trazer a realidade à tona, explicitando justamente os dados invisibilizados, não valorizados, ouvindo as mulheres e o que elas têm a dizer, torna-as "sujeitas cognoscíveis" no processo de interação (Harding, 1996). É importante enfatizar, então, que a pesquisa feminista traz uma orientação interdisciplinar derivada da proposição de problemas de pesquisa que se baseiam na pluralidade, diversidade e multiplicidade das experiências das mulheres.

Por sua vez, a teoria feminista, de acordo com Salgado (2008), configura-se num vasto campo de elaboração conceitual, cujo objetivo fundamental centra-se na análise das condições de opressão das mulheres. Sustenta que a desigualdade entre mulheres e homens é baseada no gênero presente nas sociedades marcadas pela dominação patriarcal.

Consequentemente, a pesquisa feminista constitui-se num modo particular de conhecer e produzir conhecimento, a partir da compreensão abrangente da dominação, subordinação e opressão a que as mulheres estão submetidas, articuladas a outros marcadores de diferenciação social. As seguintes características sobre "Investigação feminista" são apresentadas por Salgado (2008, s/p): "ela é necessariamente contextual, experiencial, multidimensional [ou interdisciplinar], socialmente relevante, includente e comprometida". Contextual, porque tenta responder às necessidades de conhecimento a respeito da vida e das demandas de mulheres em alguma circunstância específica — como é o caso das mulheres migrantes haitianas entrevistadas; multidimensional, porque aponta problemas de investigação que só podem ser abordados em suas múltiplas determinações — no caso haitiano, os aspectos socioeconômicos, políticos, culturais, históricos e geográficos do país (Haiti) que motivaram a saída das mulheres entrevistadas; experiencial, porque coloca a investigadora num contexto intersubjetivo de compartilhamento entre o sujeito e objeto de estudo (relação sujeito x sujeito), que a partir dos contatos, diálogos e entrevistas vão construindo um espaço comum de interação. Além disso, é socialmente relevante e includente, porque à medida que se propõe a realizar pesquisa de, com e para as mulheres migrantes haitianas, resta evidenciado o viés altamente emancipatório e includente, uma vez que, entre outros aspectos de suas vidas, um deles, a "maternidade política" é um tema ainda pouco explorado.

Além de desconstruir e ressignificar um conhecimento androcêntrico, a pesquisa feminista também se propõem a desmontar o sexismo, a misoginia e os demais vieses de gênero inerentes à produção patriarcal do conhecimento. Nesse sentido, Salgado (2008) evidencia que o surgimento das mulheres como sujeitos cognitivos epistêmicos é concomitante ao advento do feminismo (século XX), em conexão com a mobilização política e social das mulheres. Assinala que a inclusão das mulheres na ciência simboliza os processos de ampliação da participação social e política das mulheres.

Por outro lado, a participação das mulheres como sujeitos cognoscíveis rompe com a hierarquização do conhecimento e a assimetria proveniente da relação sujeito/objeto de pesquisa. Assim, a experiência das mulheres é abordada considerando-as como sujeito ativo do processo de construção do conhecimento. Marta Salgado (2008) evidencia a riqueza introduzida pela pesquisa feminista ao questionar os núcleos de dominação defendidos de forma implícita ou explícita pela ciência. Salienta que tais núcleos constituem os vieses de gênero da ciência, que se materializam no androcentrismo, no sexismo, no binarismo, no etnocentrismo, dentre outros. Destaca, também, que androcentrismo é calcado na diferenciação social baseada no gênero, colocando o homem e o masculino no centro da elaboração conceitual, pesquisa e apresentação de resultados. O androcentrismo conforma-se como um modo de pensar, como elemento central das mentalidades modernas.

Consoante Salgado (2008), o binarismo corresponderia à divisão de gênero própria da sociedade ocidental, fundada no modelo homem-mulher, atribuindo-lhes papéis e identidades de gênero fixos. No tocante à epistemologia, associa o cultivo da mente e do intelecto ao homem, e o cuidado e a emoção à mulher. Destaca como oposições constituintes do pensamento binário presentes no discurso científico as díades verdadeiro/falso, objetivo/subjetivo, sujeito/objeto, teórico/empírico, cultural/natural, social/biológico, real/ideal, humano/divino, dentre outros. Evidencia-se, assim, como o androcentrismo opera enquanto modo de pensar, como elemento central das mentalidades modernas.

Para a autora, o sexismo consistiria numa expressão limitada de uma lógica do pensamento superior que é o binarismo, a base das mentalidades patriarcais. O binarismo apresenta o conjunto de elementos existentes e conhecidos não em sua singularidade, mas em contraste, mantendo a ilusão de que eles são opostos e complementares (Salgado, 2008). Aponta que com relação às mulheres e aos homens, ele age como uma legitimação ideológica para justificar posições diferenciadas e irreconciliáveis de uns e outros, apresentando-os como essencial para a continuidade da vida humana, sua relação com o meio ambiente, suas relações sociais e as possibilidades de reprodução da sociedade e da cultura.

Por conseguinte, a epistemologia feminista torna visível esse binarismo para romper com a estrutura mental que posiciona os homens como sujeitos do conhecimento e as mulheres como objetos dele. Neste ponto, a lógica binária envolve uma contradição, porque em termos estritos o sujeito não poderia existir em sua singularidade, mas a partir de pelo menos um par de sujeitos opostos, que em termos de filosofia envolveria uma relação de alteridade: o Sujeito e o Outro. No entanto, o efeito da extensão da lógica androcêntrica pensando que par são traços que conduzem finalmente à conotação de mulheres como não sendo assunto, tanto social quanto no filosófico e epistemológico (Salgado, 2008).

O etnocentrismo, por sua vez, envolve a separação e hierarquização entre conhecimento científico e conhecimento tradicional. A partir disso, os preconceitos científicos, raciais e de gênero agem simultaneamente, haja vista a subalternização dos conhecimentos protagonizados por mulheres, indígenas, orientais, dentre outros, inferiores ao status do conhecimento científico. Salgado (2008) assevera que a expressão máxima dessa hierarquização dos conhecimentos é observada na transmissão dos estilos de pesquisa, nas normas de validação dos resultados e nos padrões de divulgação e avaliação das práticas de pesquisa, o que caracteriza o colonialismo científico, fundado na permanente objetificação do outro. Por tudo isso, podemos dizer que a pesquisa feminista transpõe fronteiras, consubstanciando-se em epistemologia feminista.

Uma das vertentes das epistemologias feministas diz respeito à epistemologia feminista negra, cujas contribuições estão alicerçadas na experiência das mulheres negras afro-americanas. Collins (2019), uma das precursoras do estudo da temática, reflete que as mulheres negras, por integrarem grupos oprimidos, possuem a capacidade de conhecer e compreender tanto os grupos dominantes quanto os oprimidos. Por conhecerem as práticas tanto do seu contexto quanto de seus opressores, localizam-se em uma posição privilegiada para fazer a leitura da sociedade e propor alternativas, da perspectiva dessa dupla visão.

2.2 EPISTEMOLOGIAS NEGRAS E A INTERSECCIONALIDADE NO PERCURSO DAS IMIGRANTES HAITIANAS

A epistemologia feminista negra configura-se em um aporte privilegiado para abordar as questões de gênero presentes na migração haitiana para o Brasil, dentre elas a transnacionalização dos vínculos familiares das haitianas aqui radicadas e os dilemas enfrentados para retomar a convivência com os(as) filhos(as). De acordo com Collins (2019), esse referencial epistemológico é moldado pelas experiências das mulheres negras afro-americanas e, por suas características, pode aplicar-se às mulheres negras afrodiaspóricas de modo geral, adotando uma perspectiva interseccional, com base nas propostas de teóricas do feminismo negro latino-americano, caribenho e estadunidense (Crenshaw, 2002; Lugones, 2008; González, 2020; Carneiro, 2020; entre outras).

A epistemologia feminista negra, afirma Collins, é conformada por padrões de averiguação de verdade amplamente aceitos pelas afro-americanas. Fundamentada nas experiências coletivas e visões de mundo provenientes da história particular das mulheres negras estadunidenses:

> As condições históricas do trabalho das mulheres negras, tanto na sociedade civil negra quanto no trabalho remunerado, estimularam uma série de experiências que, quando compartilhadas e transmitidas, tornam-se sabedoria coletiva de um ponto de vista das mulheres negras. Além disso, quem compartilha essas experiências pode acessar uma série de princípios para avaliar reivindicações de conhecimento. Esses princípios passam a integrar uma sabedoria das mulheres negras em âmbito mais geral e, mais ainda, aquilo que chamo aqui de epistemologia feminista negra (Collins, 2019, p. 410).

Buscando responder a indagação sobre as características da epistemologia feminista negra e as contribuições para o pensamento feminista negro, Collins (2019) explica que a primeira dimensão dessa epistemologia reside na articulação entre o conhecimento e a sabedoria, que por sua vez, consiste numa estratégia adotada pelas afro-americanas para resistir à desproteção dos marcadores de raça, gênero, classe e nacionalidade que as desprivilegiam. A autora reflete que "no contexto das opressões interseccionais [...] conhecimento sem sabedoria é suficiente para os poderosos, mas sabedoria é essencial para a sobrevivência dos subordinados" (Collins, 2019, p. 411). Ou seja,

> Para a maioria das afro-americanas, os indivíduos que viveram as experiências nas quais se dizem especialistas são mais críveis e confiáveis que aqueles que apenas leram ou pensaram a respeito delas. Assim, ao fazer uma reivindicação de conhecimento, as afro-americanas frequentemente invocam as experiências vividas como critério de credibilidade (Collins, 2019, p. 411).

A ética do cuidar é outra dimensão da epistemologia feminista negra apontada por Collins (2019), sugerindo que a expressividade pessoal, as emoções e a empatia são essenciais para o processo de validação do conhecimento. Segundo a autora, um dos três componentes inter-relacionados da ética do cuidar é a ênfase dada à singularidade individual. Enraizado em uma tradição de humanismo africano, cada indivíduo é considerado uma expressão única do espírito, poder ou energia comum inerente à vida. Um segundo componente da ética do cuidar condiz com a presença das emoções nos diálogos, indicando que um falante acredita na validade de um argumento. Um terceiro componente da ética do cuidar está relacionado com a capacidade de empatia.

A ética da responsabilidade pessoal também é uma caraterística da epistemologia feminista negra, assinala Collins (2019). Além de desenvolver reivindicações de conhecimento por meio do diálogo, é necessário mostrar-se responsável com as reivindicações de conhecimento. Isso posto, é essencial que os indivíduos tenham posições definidas sobre as questões que discutem e assumam plena responsabilidade pela argumentação em favor de sua validade.

Para a epistemologia feminista negra, os valores ocupam o cerne do processo de validação do conhecimento, de tal forma que uma investigação sempre tem um objetivo ético. Quando essas quatro dimensões se tornam politizadas e associadas a um projeto de justiça social, são capazes de formar um referencial ao pensamento e à prática feminista negra, assinala Collins (2019).

A ética do cuidar, das emoções no diálogo, da empatia e da responsabilidade pessoal fica explícita na preocupação das migrantes haitianas em concretizar a vinda dos filhos para a junção familiar aqui no Brasil. O lugar denso, angustiante e marcado por dúvidas e perplexidades de alguém que atua em processos de perda e suspensão do poder familiar motivou-me a conhecer as trajetórias das mulheres haitianas e os processos de reunificação familiar, a partir de políticas públicas migratórias destinadas a tal fim.

Da mesma forma, entra em perspectiva, o peso e a influência dos valores e das características de quem investiga como sujeito de gênero, que durante o processo das entrevistas se relacionou como sujeito cognoscente, em seu caráter generizado e situado — colocando em destaque fatores como formação acadêmica, orientação teórica, identificação com uma determinada classe, raça/etnia, posição sexual, com uma clara intencionalidade política, entre outras — com sujeitos cognoscíveis — as mulheres haitianas entrevistadas como sujeitos situados, com suas características e interseccionalidades (Salgado, 2008).

Outro pilar da epistemologia feminista negra é a interseccionalidade, um conceito polissêmico, que se insere em um campo teórico híbrido delimitado a partir de diferentes compromissos políticos e epistemológicos. A expressão interseccionalidade foi cunhada por Kimberlé Crenshaw[19]9 (2002), ativista negra estadunidense e advogada defensora dos Direitos Humanos, em especial, dos direitos das mulheres em escala global, a partir da Conferência Mundial contra o Racismo, Discriminação Racial, Xenofobia e Formas Conexas de Intolerância, sediada em Durban, na África do Sul, em 2001.

De acordo com a intelectual afro-estadunidense, o conceito de interseccionalidade visa dar instrumentalidade teórico-metodológica à inseparabilidade estrutural do racismo, capitalismo e do sexismo (ou patriarcado). Permite enxergar a colisão das estruturas, a interação simultânea, o cruzamento e a sobreposição de questões de gênero, raça/etnia e classe, modernos aparatos coloniais. Por conseguinte, configura-se num importante referencial teórico-metodológico para a aproximação da realidade social de sujeitos sociais submetidos a múltiplas formas de desigualdade social. Partindo dos princípios epistemológicos do *standpoint*, Crenshaw (2002) reconheceu a importância da experiência, não apenas para incorporar práticas individuais, mas especialmente ao perceber as mulheres de cor como criadoras de conhecimento.

Muito embora no contexto afro-estadunidense o termo interseccionalidade tenha sido discutido há mais de 30 anos, no Brasil, a reverberação dessa categoria é mais recente. Atualmente, é possível encontrar um vasto campo de pesquisas embasadas no conceito de interseccionalidade, notadamente por autoras como: Lélia Gonzalez, Sueli Carneiro, Leila Figueiredo, Adriana Piscitelli, Maria Lugones, entre outras.

Lélia Gonzalez (1988), antropóloga e ativista negra brasileira, desenvolveu a categoria de amefricanidade no cenário de propagação das teorias pós-coloniais as quais questionam o cânone do conhecimento

---
[19] Advogada norte-americana, uma importante referência no campo conhecido como *teoria crítica racial*. Professora titular da Faculdade de Direito da Universidade da Califórnia e da Universidade de Columbia, onde se especializou em questões de raça e gênero. Conhecida pela introdução e desenvolvimento da teoria interseccional (A CENTRAL..., 2017).

hegemônico eurocentrado, e a invisibilidade da raça na maior parte dos estudos feministas latino-americanos, dentre eles o Brasil, levando em consideração a presença maciça de pessoas negras e indígenas. A autora desenvolveu uma discussão importante sobre racismo disfarçado e racismo por denegação, miscigenação e democracia racial. Ela afirma que o sexismo, o racismo e o classismo inserem as mulheres negras no mais baixo patamar de opressão, e que nenhum movimento de mulheres pode ser considerado realmente feminista se não houver o enfrentamento dessas estruturas. Demarca que a presença da cultura africana no continente americano possibilita a proposição da categoria amefricanidade como estratégia de ação a partir da necessidade de pensar "desde dentro" as culturas indígenas e africanas como resistência. Nas palavras de Lélia Gonzalez:

> Para além do seu caráter puramente geográfico, a categoria de Amefricanidade incorpora todo um processo histórico de intensa dinâmica cultural (adaptação, resistência, reinterpretação e criação de novas formas) que é afrocentrada, isto é, referenciada em modelos como: a Jamaica e o akan, seu modelo dominante; o Brasil e seus modelos Yorubá, banto e ewe-fon. Em consequência, ela nos encaminha no sentido da construção de toda uma identidade étnica (1988, p. 76-77).

Ao posicionar-se a favor de um feminismo afro-latino-americano, Lélia Gonzalez apresenta uma visão atenta ao racismo gendrado, o que representa uma proposta de pensar o feminismo desde o Sul, que inclua as mulheres que estão se mobilizando desde as margens, com vistas à construção de um outro modelo de sociedade.

Por sua vez, Sueli Carneiro chama a atenção para a histórica negação do movimento feminista eurocêntrico em acolher as demandas do movimento negro, inferindo a necessidade de enegrecermos o feminismo e feminizar o movimento negro (Carneiro, 2003). Afirma que esse processo é indispensável para reconhecer as demandas de metade da população brasileira sobre políticas públicas específicas para mulheres, que levem em conta a articulação com fatores étnicos e raciais, pois, exemplos como a exigência de "boa aparência" para a obtenção de vaga de emprego, que muitas vezes impede pessoas negras de conseguirem uma oportunidade no mercado de trabalho, e as imagens de controle que subalternizam as mulheres negras, tais como a mulata tipo exportação e a empregada doméstica são ainda uma realidade. Carneiro (2020) lembra que enquanto as mulheres brancas de classe média saiam às ruas para lutar pelo direito ao trabalho, as mulheres negras sempre trabalharam e em péssimas condições. Ao referir-se à urgência de enegrecer o movimento feminista, Carneiro (2003, p. 118) reflete:

> Enegrecendo o feminismo é a expressão que vimos utilizando para designar a trajetória das mulheres negras no interior do movimento feminista brasileiro. Buscamos assinalar, com ela, a identidade branca e ocidental da formulação clássica feminista, de um lado; e, de outro, revelar a insuficiência teórica e prática política para integrar as diferentes expressões do feminino construídos em sociedades multirraciais e pluriculturais [...]; afirmamos e visibilizamos uma perspectiva feminista negra que emerge da condição específica do ser mulher, negra e, em geral, pobre, delineamos, por fim, o papel que essa perspectiva tem na luta antirracista no Brasil.

Para a autora, a dimensão racial a ser incorporada pelo movimento feminista envolve não apenas as mulheres negras, mas as subalternizadas de modo geral: as indígenas, as quilombolas, a ribeirinhas, dentre outras. Por conseguinte, para as mulheres subalternizadas impõe-se uma perspectiva feminista no qual o gênero seja uma variável teórica que esteja conectada aos outros eixos de opressão. Desse panorama, é possível afirmar que um feminismo negro erigido em sociedades multirraciais, pluriculturais e racistas assume como principal eixo articulador o racismo e suas reverberações sobre as relações de gênero, posto que ele determina a própria hierarquia de gênero na nossa sociedade.

Por sua vez, a filósofa argentina María Lugones (2008, 2014) problematiza o conhecimento fundado e difundido a partir da lógica categorial dicotômica e hierárquica herdada do pensamento capitalista moderno e ocidental. Para isso, assinala a importância da ruptura da dependência epistemológica do eixo Europa-Estados Unidos, voltando-se o olhar para a produção teórica dos feminismos negros e decoloniais. O que envolve a reorientação geopolítica dos conhecimentos — ou nos termos de Mignolo (2008), uma desobediência epistêmica —, no sentido de a África e a América Latina serem reconhecidas como produtoras de conhecimento.

Sua crítica a respeito do conceito de interseccionalidade, diz respeito à separação categorial da perspectiva interseccional, que por sua vez resulta na separação de categorias que, na prática, seriam inseparáveis. Assim, o(a) representante privilegiado(a) de cada categoria é responsável por caracterizá-la, por exemplo: mulher (representa mulher branca), negro (representa homem negro) e indígena (representa homem indígena). Então, a intersecção da categoria mulher com a categoria negro mostra-nos a ausência das mulheres negras — e não sua presença. Como contraproposta a essa visão tradicional, Lugones baseia-se no modelo de colonialidade do poder de Aníbal Quijano (2005), propondo uma análise dos processos de entrelaçamento de raça e gênero, ou seja, a colonialidade de gênero, a fim de compreender o lócus fraturado dos agentes colonizados seja como oprimidos, seja como concomitantemente resistentes.

Collins (2022), em lançamento mais recente no Brasil sobre a interseccionalidade, desenvolve o conceito enquanto teoria social crítica, abordando o conhecimento como poder e resistência intelectual, cuja ação social é tida como forma de conhecimento e resistência e, finalmente, resgatando o caráter relacional presente na discussão sobre interseccionalidade e a ligação desta com a justiça social.

A análise da migração haitiana para o Brasil da perspectiva das epistemologias feministas e numa ótica interseccional é bastante profícua para compreender os processos de desigualdade social que afetam as mulheres negras afrodiaspóricas como sujeitos de direitos. A experiência das migrantes haitianas deve ser pensada, necessariamente, a partir de diferentes categorias, ou seja, elas são afetadas pela conjugação entre os marcadores: gênero, raça/etnia, classe, sexualidade e nacionalidade. A intenção de analisar essas categorias é fomentar experiências analíticas a fim de compreender a articulação entre diversas diferenças e desigualdades em um determinado contexto (Piscitelli, 2008).

2.3 VIVÊNCIAS DE RACISMO E XENOFOBIA DAS(OS) HATIANAS(OS) EM BUSCA DA REUNIFICAÇÃO FAMILIAR NO BRASIL E EM OUTROS PAÍSES

As narrativas coletadas na pesquisa empírica deste livro foram permeadas por relatos de racismo e xenofobia vivenciados ao longo do percurso migracional, ou mesmo no Brasil. Nesse sentido, não poderíamos nos furtar em discorrer, mesmo que sucintamente, sobre essa histórica e persistente problemática.

O racismo configura-se em um somatório de conceitos e de crenças ideológicas que colaboram para segregar a humanidade em raças distintas e classificadas hierarquicamente (Joseph, 2017). O fenômeno é concebido ainda como uma ideologia essencialista que implica na divisão da humanidade em grupos nomeados de raças contrastadas, com características físicas hereditárias comuns (Munanga, 2004).

A relação entre raça e racismo é indissociável, posto que para praticar o racismo é fundamental possuir concepções raciais. Joseph (2017) explicita que a história conceitual da raça é estruturada no racismo e na raça. O modo pelo qual o racismo evidencia-se no contexto migratório consiste na xenofobia, conceito indispensável para compreendermos as difíceis situações enfrentadas pelas(os) entrevistadas(os) nesta pesquisa.

A xenofobia pode ser compreendida como o sentimento construído social e culturalmente acerca da aversão à convivência com estrangeiros(as), imigrantes ou alteridades internas à nação. Parte de ideias essencializadas sobre a valoração negativa das diversidades linguísticas, religiosas, culturais e/ou raciais que imigrantes apresentam no espaço público (Rosa, 2017).

Percepções xenofóbicas implicam no não reconhecimento das diferenças como elementos agregadores da unidade nacional ou das diversidades sociais, culturais, raciais, étnicas entre os povos. Prejudica a compreensão do lugar do "Outro", além da reflexão sobre a complementaridade das diferenças. Acima de tudo, a xenofobia intenta a imposição da desigualdade social entre os locais e imigrantes (Rosa, 2017).

Em complemento, a autora evidencia que a xenofobia e o racismo, enquanto sentimentos de aversão, intercruzam-se em relação às alteridades. Nas ocasiões em que migrantes se instalam numa determinada nação que cultiva coletivamente a xenofobia e o racismo, as perspectivas de acesso à cidadania tornam-se mais escassas. Esse contexto pode se tornar mais dramático quando os fluxos migratórios são mais intensos, pressionando a comunidade local a se afirmar como homogênea do ponto de vista identitário.

Dandara e Zélio revelaram as vivências de racismo quando moravam na República Dominicana. Segundo Dandara:

> **Dandara:** Na República Dominicana não tem lei de combate ao racismo. Então cidadãos dominicanos e representantes do governo, como policiais, são bastante racistas. Era bem comum meu marido ser preso quando vendia produtos na República Dominicana. Quando eu ia resgatá-lo, perguntava o motivo da prisão, cuja resposta era "porque nós queríamos".

Dandara confidenciou ter presenciado uma cena de profundo racismo:

> **Dandara:** Certo dia eu estava numa praça e avistei um haitiano. Repentinamente, vieram dois dominicanos, amarraram uma corda no pescoço do haitiano e o afogaram na fonte de água. As pessoas começaram a chorar e a gritar, dizendo que Deus iria nos castigar.

A existência das relações do racismo velado no Brasil é corroborada por Dandara. A entrevistada tem a percepção de que o racismo se apresenta de forma mais velada do que na República Dominicana. Ela citou dois exemplos para nos situar: um deles foi no ônibus, quando observa que brasileiros(as) evitam se sentar em banco ao lado de haitianos(as). Outra situação é em entrevista de emprego, ocasião em que as empresas realizam primeiro as entrevistas de seleção com haitianos(as), com a promessa de chamá-los para a vaga de trabalho. E posteriormente fazem entrevistas com brasileiros(as) e, logo em seguida, os exames médicos admissionais.

A entrevistada narrou ainda sobre uma situação de racismo vivida na empresa terceirizada em que trabalha: "Segundo o 'dono' da empresa onde eu trabalho, gostariam de contratar mais haitianos, porém existe muita dificuldade de encaixá-los nos postos de trabalho". Ele exemplificou que nas situações em que encaminha haitianas para trabalhar na limpeza de condomínios, o(a) síndico(a) ou moradores(as) costumam reclamar para a empresa terceirizada o motivo para encaminhar haitianas para a limpeza dos prédios.

Tiago, entrevistado que trabalha em empresa de pneus exercendo atividades braçais, apresentou as vivências dele de racismo em Santa Catarina:

> **Tiago:** Na empresa em que eu trabalho, os haitianos cumprem os serviços mais pesados e braçais. Ganham menos do que os brasileiros, que realizam atividades de trabalho mais leves.

O entrevistado rememorou-se de outro episódio de racismo nas relações de trabalho, expondo o seguinte:

> **Tiago**: Meu chefe ordenou que nós, haitianos, almoçássemos na rua, fora da empresa. Não importava se estivesse chovendo ou fazendo frio. Um haitiano questionou essa ordem, e realizamos uma reunião com o "patrão". Esse autorizou que fizéssemos nossas refeições na empresa, num local bastante insalubre, sujo. A empresa tem um refeitório lindo, mas não autoriza que nós, haitianos, façamos as refeições nesse espaço.

A narrativa de Jane é densa em detalhes sobre a tessitura das situações de racismo que vem enfrentando no Brasil. A entrevistada lembrou-se de alguns episódios vividos nesse país:

> **Jane**: Certo dia eu fui ao mercado, e havia uma mulher com uma criança, ambas brancas. A mulher olhava-me com uma expressão facial muito "feia", e chamou a criança de "preta". Na verdade, ela não estava falando com a criança, mas sim comigo, insinuando que por causa da minha cor ela é melhor.

Desta vez vinculada às relações de trabalho, Jane narrou a seguinte situação vivenciada em um dos hotéis em que trabalha:

> **Jane**: Eu tinha acabado de iniciar minhas atividades no hotel. Então, certo dia, fui acusada de furto de um brinco por uma cliente. Eu nem sabia o que era um brinco. Na data em que fui acusada de furto eu e meu chefe estávamos de folga. Meu chefe partiu em minha defesa, e logo que voltei ao trabalho ele contou para mim o ocorrido. Eu chorei muito, e os trabalhadores negros do hotel também choraram, afirmando que eu tinha sido vítima de racismo. Como a cliente já havia feito check-out do hotel, meu chefe ligou para ela em minha defesa. Na ligação, a cliente disse que tinha deixado o brinco em casa, e que daria um presente para se desculpar. Meu chefe disse "não precisa, o importante é você ter encontrado esse brinco".

Outro fato que tem ocorrido habitualmente com Jane diz respeito ao parcelamento de compras feitas por ela em estabelecimentos comerciais, sem a autorização da entrevistada. Ela narrou um dos episódios:

> **Jane:** Eu fiz uma compra de R$ 237. A atendente parcelou minha conta em oito vezes, sem a minha autorização. Eu falei "mas quem pediu para você parcelar em oito vezes? Eu ou você? Quem vai pagar? Eu ou você? Você sabe o quanto ganho por mês? Você sabe o quanto posso pagar? Então eu não vou comprar mais. Cancela!"

De acordo com Jane, é aluna de um curso privado de manicure/pedicure. Habitualmente é questionada a razão para não fazer um curso gratuito. A entrevistada considera que todos os cursos realizados são um investimento para ter uma vida melhor. Ela afirma o desejo de ter uma empresa própria, e se contratar funcionários(as), pretende não reproduzir com eles o tratamento que tem recebido. A entrevistada expôs ainda:

> **Jane:** Muitas pessoas pensam que quem sai do Haiti ou da África não sabe de nada. Ou seja, não sabe ler, escrever, não tem opinião própria. Eu lembrei de um fato havido na semana passada. Recebi minha folha ponto informando que eu devia 19 horas de trabalho. Eu fui até o Recursos Humanos e disse "vocês sabem que eu sou pontual, assídua, eu tenho meus relatórios. Como faltam 19 horas?". O RH revisou minha folha ponto e a empresa devia duas horas para mim.

Em alusão às desigualdades raciais e de nacionalidade, Jane narrou um exemplo ocorrido consigo no ano de 2019. Relatou que costumava treinar novos(as) funcionários(as) para trabalharem na empresa a qual era vinculada. Para ser supervisor(a), era necessário ter ao menos seis meses de trabalho. Na teoria, Jane era a responsável por esse treinamento, e seu chefe lhe dizia "confio na sua avaliação". Mas brasileiros(as) com pouco mais de quatro meses de trabalho, que eram treinados por ela, ascendiam ao cargo de supervisor(a), ao passo que ela — que já estava na empresa há pouco mais de dois anos —, e outros(as) colegas haitianos(as) com mais tempo de casa, continuavam em cargos inferiores.

2.4 ITINERÁRIO METODOLÓGICO DA PESQUISA EMPÍRICA

A migração haitiana para o Brasil, e preferencialmente para a Região Sul do país, teve início a partir do ano de 2010. Não tardou muito a começarmos a trabalhar com haitianos(as) nos mais diversos processos judiciais na Comarca de Chapecó, onde fomos lotadas até o ano de 2020. O recorte de pesquisa teve início quando trabalhamos com o primeiro processo envolvendo uma haitiana que teve sua filha, brasileira, institucionalizada, cujo deslinde da situação foi o encaminhamento da criança para adoção em uma família brasileira. A criança foi inserida pela primeira vez em família residente em Santa Catarina, cuja adoção não teve êxito. Na segunda tentativa de adoção, a criança foi adotada por um casal de outro estado da federação, cujas características raciais eram mais próximas da criança. A adoção foi bem-sucedida.

Essa experiência não nos motivou a pesquisar adoções de crianças filhas(os) de haitianas(os) por famílias brasileiras. Pelo contrário, sentimo-nos instigadas a investigar a saga das migrantes haitianas que deixam o Haiti em busca de melhores condições de vida em Santa Catarina, Sul do Brasil, para reaver a convivência familiar com seu(s)/sua(s) filhos(as). Sobreveio o interesse por conhecer como se dá, no Brasil, e em outras partes do mundo, a política de reunificação familiar para famílias migrantes.

Ciente desse interesse investigativo, elaboramos o primeiro artigo científico que foi apresentado no 12º Fazendo Gênero e 13º Congresso Mundial Mundos de Mulheres, no ano de 2017. Tivemos o privilégio de contar, na coordenação do simpósio, com a presença da professora doutora Cláudia Pons Cardoso, do Programa de Pós-Graduação em Estudos Interdisciplinares sobre Mulheres, Gênero e Feminismos, da Universidade Federal da Bahia (UFBA). Tanto a professora doutora Cláudia quanto as demais coordenadoras, assim como a plateia, fizeram inúmeros apontamentos e sugestões construtivas, que foram todos registrados para posterior reedição do artigo.

Não demorou muito, tomamos conhecimento da seleção do Programa de Doutorado Interdisciplinar em Ciências Humanas da Universidade Federal de Santa Catarina (UFSC). Dentre os requisitos para a seleção, constava a apresentação de um anteprojeto de pesquisa a ser desenvolvido no curso do doutorado. Nessa oportunidade, reunimos todas as considerações realizadas no artigo do 12º Fazendo Gênero e 13º Congresso Mundos de Mulheres, e elaboramos o nosso anteprojeto de pesquisa. Participamos das quatro etapas da seleção do Programa de Doutorado Interdisciplinar em Ciências Humanas e obtivemos a aprovação na área de concentração Estudos de Gênero (EGE) e linha de pesquisa Gênero e suas inter-relações com geração, etnia e classe.

Enquanto realizamos as disciplinas do Doutorado Interdisciplinar em Ciências Humanas, foram definidas nossas professoras orientadora e coorientadora, respectivamente doutora Teresa Kleba Lisboa e doutora Joana Maria Pedro. A partir de então, sempre estivemos acompanhadas pelas referidas professoras e outras do curso, que nos apoiaram e incentivaram a novos progressos. Destacamos ainda a riqueza da participação em dois espaços de pesquisa: o Núcleo Interdisciplinar de Estudos e Pesquisas em Saúde, Sexualidade e Relações de Gênero (Nusserge), ao qual nossa orientadora é vinculada, e o Laboratório de Estudos de Gênero e História (LEGH), sendo a nossa coorientadora ligada ao referido.

Torna-se importante enfatizar que desde os primórdios do interesse em investigar a reunificação familiar entre as imigrantes haitianas radicadas no estado de Santa Catarina e os(as) filhos(as) que ficaram no Haiti, nossa perspectiva teórica partiu das narrativas dessas mulheres. Visando consubstanciar a categoria narrativa, procedemos à breve revisão bibliográfica, que apresentamos a seguir.

As formas de estruturar as narrativas tornam-se, de acordo com Bruner (1997), modelos que estruturam a experiência, viabilizando delinear itinerários no passado e guiar as narrativas até o presente e o futuro. Assim, uma vida não é somente como ela aconteceu, mas também a maneira como ela foi contada e interpretada.

De forma abrangente, as narrativas como criações servem para a produção de sentidos sobre os eventos sociais, culturais, históricos, e constituem-se também em modelos para as narrativas individuais e coletivas. Somos socializados a partir de repertórios narrativos provenientes da nossa cultura e para compreender as múltiplas situações sociais com as quais nos deparamos. Recorremos, então, às narrativas como uma forma de extrair sentido para esses acontecimentos.

Ciente do papel constitutivo da linguagem para a interpretação e recriação da realidade social, o enfoque das narrativas viabiliza uma espécie de tradução, na qual o intérprete precisa conhecer os usos da cultura de onde o relato ou o texto emerge, e não apenas o vocabulário de uma língua. É nesse sentido que a pessoa, ao narrar a sua história, parte de um enredo que organiza e confere significado à tessitura dos diversos acontecimentos, partindo de cenários, atores, motivações, obstáculos que fazem parte de sua trajetória, articulados de forma a fazer sentido para si e para o(a) interlocutor(a) (Bruner, 1997).

Ou seja, a ação de relatar é tão importante quanto o relato em si. A ação discursiva e o trabalho das palavras e dos gestos revelam-se indispensáveis para compreender a produção de sentidos sobre si e sobre o mundo. Em outras palavras, dar sentido à própria vida por meio da narração é o que viabiliza criar discursivamente essa realidade, produzindo um conjunto de efeitos sobre si e sobre as pessoas com quem se convive, além do(a) interlocutor(a) das narrativas (Bruner, 1997).

Nesse diapasão, vislumbramos a importância das narrativas como desobediência epistemológica, nos termos de Mignolo (2008), à medida que contar uma narrativa é protagonizar uma transformação para si, para as personagens da narrativa e para o(a) interlocutor(a) ou leitor(a) das narrativas. Tal é a potência das(os) migrantes haitianas(os) como sujeitos cognoscíveis (Salgado, 2008), que a partir das suas narrativas sobre a saga para reaver a convivência familiar com seus(suas) filhos(as), após terem se fixado em Santa Catarina, têm muito a ensinar ao nosso país sobre a necessidade de rompermos com o racismo estrutural e investirmos em políticas de acolhimento a migrantes.

É na perspectiva das narrativas que analisamos os testemunhos de migrantes haitianas(os) para retomar a convivência familiar com seus(suas) filhos(as) após instalarem-se em Santa Catarina, os desafios postos no cenário brasileiro para a reunificação familiar de migrantes radicados no nosso país e os atravessamentos do racismo estrutural nesse processo. Porém o maior desafio posto no processo de reunião familiar haitiana, em específico, está diretamente vinculado ao contexto socioeconômico e familiar do país. As narrativas, enquanto abordagem metodológica, permitem apreender e interpretar as conexões entre as experiências vividas e narradas pelas(os) migrantes haitianas(os), e o caráter ao mesmo tempo singular e coletivo do ato da narração protagonizado pelos sujeitos cognoscíveis privilegiados neste estudo.

Com a intenção de abordar as narrativas a partir de uma proposta sistemática com a finalidade de pesquisa social, foi difundida nas últimas décadas a técnica de "entrevista narrativa". Concebida por Schütze (2014), a técnica pretende reconstruir a interação entre processos biográficos pessoais e acontecimentos coletivos. É indicada em pesquisas que intencionam articular histórias de vida com contextos sócio-históricos mais amplos.

No estudo empreendido por Jovchelovitch e Bauer (2008), no qual nos baseamos, os autores explicitam que a entrevista narrativa é classificada como um método de pesquisa qualitativa, comportando uma forma de entrevista não estruturada, de profundidade, com características próprias. A principal motivação para a entrevista narrativa reside na crítica ao esquema de perguntas e respostas que estruturam a maioria das entrevistas. Os autores ponderam que, partindo do pressuposto de que a entrevista narrativa deve ser um guia ao qual o(a) entrevistador(a) lança mão para interagir com o(a) informante, é possível mesclar elementos da técnica de entrevista narrativa com a entrevista semiestruturada. Tem-se assim uma entrevista semiestruturada enriquecida por narrativas.

Tal foi a construção de nosso instrumental de coleta de dados para as entrevistas: entrevista semiestruturada enriquecida por narrativas. Foi elaborado um total de três roteiros de entrevista: um roteiro para as entrevistas com as(os) haitianas(os), um roteiro para a entrevista com representante do OFII na França, e um para a entrevista com o secretário-geral da política migratória brasileira. Em todas as entrevistas foram aplicados os Termos de Consentimento Livre e Esclarecido.

Os roteiros de entrevistas com os profissionais foram desenvolvidos com base nos referenciais epistemológicos e teórico-metodológicos reunidos nesta obra e nas legislações que fundamentam cada serviço. O roteiro de entrevista com as(os) haitianas(os) igualmente baseou-se nos referenciais supracitados, organizando-se em sete eixos temáticos: 1) perfil da(o) entrevistada(o); 2) contexto socioeconômico e político do Haiti; 3) o fluxo migracional com destino ao Brasil; 4) a vida no Brasil; 5) envio de remessas ao Haiti; 6) maternidade política; e 7) reunificação familiar.

Paralelamente às sugestões de Jovchelovitch e Bauer (2008), é preciso ponderar que, ao entrevistar migrantes haitianas(os), ocorreram desafios procedentes das habilidades de comunicação entre entrevistadora e entrevistada(o). Isso porque parte das(os) imigrantes haitianas(os) que aportam ao Brasil não domina a língua portuguesa, comunicando-se em francês, língua oficial do Haiti, ou em creolo, língua usualmente falada no Haiti. Caso a entrevistadora não domine tais línguas, torna-se necessária a participação de tradutor(a) para viabilizar a entrevista.

Tendo em vista que as histórias pessoais refletem contextos sociais e históricos mais abrangentes, as narrativas produzidas pelas pessoas pertencem a fenômenos sócio-históricos aos quais as biografias fazem parte. É o que pudemos identificar ao longo da pesquisa com as haitianas, ou seja, a vivência das famílias transnacionais e a urgência para a reunificação familiar atreladas a um contexto socioeconômico, político e ambiental de extrema vulnerabilidade, e que se insurge como propulsor da transnacionalização dos vínculos familiares haitianos e, sucessivamente, a demanda de novas reunificações familiares.

O tipo de amostragem ao qual recorremos refere-se à "bola de neve" (ou *snowball*), que é uma forma de amostra não probabilística, que faz uso de cadeias de referências. Por meio desse tipo de amostragem não é possível definir a probabilidade de distinção de cada integrante da pesquisa, todavia é recomendada para estudar grupos de difícil acesso (Vinuto, 2014).

A amostragem em bola de neve executa-se da seguinte forma: para dar início, lançam-se mão de documentos ou de informantes-chaves, denominados sementes, visando localizar pessoas com o perfil adequado para a pesquisa, dentro da população geral. Dado o primeiro passo na técnica do *snowball*, indica-se que as pessoas sugeridas como sementes apontem novos contatos com as características de interesse, a partir da sua própria rede de relações, fazendo com que o grupo de amostragem cresça a cada entrevista. Algumas vezes o tamanho da amostragem fica saturado, de forma que não há novos nomes a oferecer ou os nomes indicados não agregam novas informações à pesquisa.

A técnica em apreço consiste em um método de amostragem de rede eficaz para o estudo de populações de difícil acesso, ou cuja quantidade é imprecisa. Segundo Bernard (2005), a amostragem bola de neve é empregada sobretudo em pesquisas exploratórias, direcionadas à compreensão mais ampla sobre uma temática e auferir a viabilidade de realização de um estudo mais amplo. Vinuto (2014) destaca a relevante associação entre essa técnica de amostragem com as demais técnicas de coletas de dados, observação participante e entrevista.

Importante registrar que foram realizadas duas entrevistas com haitianas no município de Chapecó, no ano de 2019, a título de pré-teste, o que nos permitiu readequar o instrumental de coleta de dados (roteiro de entrevista) e avançarmos nos estudos de entrevista de narrativa para subsidiar as entrevistas semiestruturadas. A primeira das entrevistadas foi conhecida a partir do processo judicial que resultou no encaminhamento da criança haitiana para adoção, que foi o despertar para o interesse de empreender esta pesquisa. A segunda foi indicada por uma agroindústria. Essa técnica de entrevista foi notadamente empregada na elaboração do instrumental de coleta de dados e na maneira de conduzir as entrevistas, favorecendo que os sujeitos cognoscíveis pudessem aproveitar ao máximo a oportunidade de fala para apresentar suas narrativas.

Depois de o projeto de qualificação ser aprovado, fomos aprovadas para uma Bolsa junto ao Programa de Doutorado Sanduíche no Exterior (PSDE/Capes), pelo período de seis meses, na Univérsité Rennes 2, em Rennes, na França, sob a supervisão do professor doutor Luc Capdevila, com o Plano de Estudos intitulado "Reunir é possível? A feminização das migrações internacionais, a transnacionalização das famílias de migrantes haitianas e as políticas de reunificação familiar na França".

Iniciada em março de 2021, a experiência do estágio sanduíche na França foi paradoxal. Por um lado, pudemos observar a multiplicidade de migrantes na França, o acesso a Direitos Humanos tais como a saúde pública, a excelente política de mobilidade urbana, por meios que compreendem bicicletas a ônibus, trens e metrôs públicos, assim como o bom poder aquisitivo de franceses e mesmo de migrantes, posto que o salário mínimo gira em torno de 1.645 euros, o que equivale a aproximadamente 9.230 reais.

Por outro lado, testemunhamos a divulgação de ataques xenofóbicos não só em Paris, como em Rennes também, especialmente contra árabes, muçulmanos(as) e islâmicos(as) e descendentes. Além disso, se a pessoa for de raça negra, a xenofobia acentua-se. Outra decepção referiu-se ao conhecimento da própria iniciativa pública de Reagrupamento Familiar oferecida pelo Escritório Nacional de Imigração, o *L'Office National d'Immigration* (L'OFII). Foi possível procedermos à entrevista semiestruturada com funcionária responsável pelo Escritório Nacional de Imigração da região da Bregtanha, onde o município de Rennes está situado. Importante registrar que para realizar a supracitada entrevista, procedemos à visita institucional no OFII, elaboração de roteiro de entrevista semiestruturada, realização de entrevista por telefone e transcrição e análise do material coletado.

Conforme a entrevista realizada, a estrutura do programa revelou-se escassa, cujo planejamento da manutenção parece ser decidido de ano a ano. Partindo de uma concepção familiar bastante limitada, pois aceita somente o fornecimento de visto para a reunião de pais e de filhos(as), demonstrou ser um programa fiscalizatório das condições mínimas da moradia que a família precisa ter para a concessão do visto de reunificação familiar. Não observamos um viés de suporte socioeconômico às famílias que buscam se reunir. No terceiro capítulo, aprofundaremos mais conteúdos sobre a reunificação familiar francesa, que foi estruturado com base no método comparativo[20] entre as políticas de reunificação familiar francesa e brasileira.

---

[20] Segundo Gil (2019), o método comparativo envolve a confrontação de fatos e de fenômenos de uma mesma série a fim de levantar as diferenças e semelhanças entre eles.

Logo que chegamos na França, realizamos o reconhecimento institucional da Univérsité Rennes 2, do Laboratório de Pesquisa, do qual fizemos parte, denominado ARENES/CNRS UMR 6051, e ao longo do semestre universitário, realizamos dois seminários. Fez parte dessa etapa uma dezena de reuniões com meu professor orientador na França, oportunidade em que ele repassava sugestões de leituras em francês, contatos de associações de haitianos(as) em Rennes para eu buscar novas entrevistas e orientações de cunho teórico-metodológico. Outro intelectual que contribuiu deveras para minha formação acadêmica foi um dos integrantes do laboratório ARENES/CNRS UMR 6051, que cursou doutorado em cotutela nas universidades Rennes 2 (França) e UFSC (Brasil), cujo livro publicado com base na tese recebeu dois prêmios, denominado Gildas Bregain. Esse colega de laboratório me auxiliou com informações de associações de hatianos(as) em Paris, em algumas instituições consulares em que eu poderia localizar possíveis entrevistadas(os), além da recomendação de algumas bibliotecas para consulta.

Durante o semestre, efetuamos pesquisa bibliográfica e documental em materiais em língua portuguesa e francesa, elaboração de artigos científicos, elaboração de roteiro de entrevista a OFII e transcrição da entrevista, planejamento de roteiros de entrevistas para entrevistar haitianas(os). Além disso, enviei correspondências eletrônicas às seguintes associações de haitianos(as): *Maison Internacionale de Rennes*; *Collectif 35 les Amis d'Haiti*; *Une Nouvelle Génération pour Haiti*. Não obtivemos respostas e localizamos o endereço apenas da primeira entidade, que se encontrava fechada nos vários momentos em que a procuramos.

Mediante as sugestões de pesquisa que obtive no andamento da estadia em Rennes, foi possível fazer um campo de pesquisa em Paris. Na capital francesa, pude visitar bibliotecas, onde consultamos referências bibliográficas, a Plataforma de Associações Franco-Haitianas (PAFHA), a Casa do Haiti na França, OFII de Paris, Biblioteca Nacional da França, Mediateca Marguerite Duras e a Embaixada do Haiti na França.

Obtivemos relativo sucesso no contato com a Embaixada do Haiti na França. Fomos atendidas por um conselheiro, oportunidade em que apresentamos o objeto e os objetivos de nossa pesquisa, e o interesse em solicitar contatos de haitianas radicadas na França que tivessem finalizado a reunificação familiar, e aceitassem conceder uma entrevista para nós. Não passou muito tempo de nossa chegada ao Brasil, recebemos uma correspondência eletrônica do referido conselheiro, na qual relacionava o nome completo e o número de celular de três haitianas. Passamos a manter contato com elas a partir do aplicativo de troca de mensagens WhatsApp, mas somente uma delas manteve contato inicial, que não se sustentou até a realização de uma entrevista.

Registramos ainda que no decorrer do semestre universitário tivemos a oportunidade de participar de um curso de francês para estudantes migrantes, realizado pela universidade Rennes 2, cuja periodicidade foi quinzenal. Finalizando o estágio sanduíche, concluímos os fichamentos, artigos, capítulos de livros que estavam em andamento, registramo-nos nos portais de pesquisa de artigos em francês, para dar continuidade à pesquisa bibliográfica no Brasil.

Após retornar ao território brasileiro, além da pesquisa bibliográfica, foi dado prosseguimento à coleta de dados por meio das entrevistas semiestruturadas com as haitianas, o que ocorreu entre abril e agosto de 2022. Em primeiro lugar, regressamos a Chapecó, onde conseguimos realizar mais uma entrevista. A primeira entrevista foi realizada na casa de um casal de haitianos. Como a entrevistada falava somente creolo, o marido traduziu a entrevista para a língua francesa. Naquela cidade, contamos como sementes (técnica de *snowball*) uma entrevistada do ano de 2019 com a qual mantemos contato até os dias atuais, e a pedagoga da Universidade Federal da Fronteira Sul (UFFS), Campus Chapecó. Esta última indicou duas haitianas para entrevista, mas nenhuma aceitou concedê-la.

Partimos então para as entrevistas na capital catarinense. Lá, nossa própria orientadora e o padre da igreja católica localizada em um dos bairros da cidade foram sementes para a técnica de *snowball*. As entrevistas foram realizadas no salão da igreja, onde tinha ruídos de adultas(os), crianças conversando e circulação de pessoas. Nessas entrevistas, houve maior prejuízo da aplicação da técnica de entrevista narrativa. Foram realizadas três entrevistas, sendo uma em língua francesa, uma em língua portuguesa e uma em creolo, na qual contamos com tradutor (um dos entrevistados).

Os próximos municípios em que foram realizadas entrevistas foram Porto Belo e Itapema. Em Porto Belo, contamos como semente da técnica *snowball* a representante do Cras, oportunidade em que realizamos uma entrevista com uma haitiana, que foi acompanhada do marido e realizada na casa do casal. Em Itapema, nossas sementes da técnica *snowball* foram as profissionais do Cras da cidade e a Associação de Haitianos de Itapema. Conseguimos realizar três entrevistas, sendo uma na língua francesa e duas na língua portuguesa.

A Pró-Reitoria de Graduação e Educação Básica (Prograd/UFSC) igualmente foi uma semente para a técnica do *snowball*, e a partir da indicação desse órgão, conseguimos realizar nossas duas últimas entrevistas. Foram com duas haitianas habitantes de Florianópolis. A penúltima entrevista foi realizada na moradia da haitiana, na língua portuguesa, e a última entrevista foi realizada com a haitiana igualmente na casa dela, em língua francesa.

Quadro 6 – Sementes técnica *snowball*

Município	Sementes	Número entrevistadas
Chapecó	Agroindústria	1
	Processo judicial	1
	Entrevistada	1
Rennes/França	Orientador no exterior	1
Itapema	Cras	2
	Associação de Haitianos	1
Florianópolis	Prograd/UFSC	2
	Igreja/orientadora	4
Porto Belo	Cras	1
Brasília	UFFS Campus Chapecó	1
Total de entrevistas		**15**

Fonte: elaborado pela autora

Apesar de no planejamento da pesquisa não termos previsto a participação de homens haitianos no papel de entrevistados, fomos surpreendidas com a massiva participação dos homens, tanto apoiando suas mulheres na tradução do creolo para francês ou português, como na manifestação de interesse em serem entrevistados, cujas narrativas foram riquíssimas.

Por meio do método narrativo, visamos estimular os relatos espontâneos das(os) entrevistadas(os), concedendo-lhes o protagonismo na exposição das falas, mas foi difícil dialogar, simultaneamente, sobre os assuntos de um roteiro semiestruturado. Também foi difícil obter dados a partir dos relatos, sobre o item relacionado à divisão sexual do trabalho, uma vez que nossas hipóteses estão relacionadas à possível naturalização por parte das famílias haitianas de uma divisão sexual tradicional do trabalho, ou seja, os homens dedicam-se pouco às tarefas domésticas e ao cuidado dos filhos.

Concluída a realização das entrevistas, partimos para o tratamento das informações coletadas. Procedemos com a transcrição e tradução do material obtido mediante software pago denominado Reshape, resultando em cerca de nove horas de áudios gravados, 124 laudas transcritas e 35 laudas traduzidas. Foi interessante observar que haitianas(os) que já dominavam a língua portuguesa foram as(os) que melhor se beneficiaram da técnica de entrevista narrativa. Posteriormente, revisamos e procedemos com alterações em cada uma das transcrições e em cada uma das traduções.

Nesse meio-tempo, realizamos por diversas vezes contatos com a Organização Internacional das Migrações (OIM) para solicitar agendamento de entrevista, tanto por e-mail quanto por indicações realizadas pela rede de contatos, todos sem êxito. Tendo em vista que na França conseguimos realizar uma entrevista com agente institucional ligado à reunião familiar, pretendíamos efetuar no Brasil entrevista de mesma natureza, com representante de instituição ou entidade que se aproximasse das ações de reunificação familiar.

Por meio da indicação de pedagoga da Universidade Federal da Fronteira Sul, Campus Chapecó (SC), tivemos acesso ao Coordenador-geral da Política Migratória brasileira, vinculado ao Ministério da Justiça e Segurança Pública do governo federal. Essa entrevista foi realizada com base em roteiro semiestruturado, na data de 8 de junho de 2023, por telefone, e encerrou essa etapa da coleta de dados.

Na etapa da análise das informações levantadas durante a pesquisa, lançamos mão da análise de conteúdo temática, de acordo com L. Bardin (2011), para a qual é necessário descobrir primeiramente, os "núcleos de sentido" que fazem parte da comunicação, e cuja presença ou frequência de aparição podem fazer algum sentido para o objetivo analítico escolhido

(Bardin, 2020). A fim de organizar a análise, conforme orienta Bardin (2020), iniciamos pela pré-análise, que visou à organização propriamente dita e à sistematização das ideias iniciais, envolvendo uma leitura flutuante[21] e a escolha dos depoimentos mais significativos das entrevistas transcritas que constituem o corpus da pesquisa, o que significa o conjunto dos documentos que foram submetidos aos procedimentos analíticos.

Após a leitura flutuante, buscamos interpretar os conteúdos de cada entrevista, processo útil para decifrar o não dito, decodificar os enunciados e complexidades de estilo, a fim de sistematizar com rigor científico o material analisado por meio de grades categoriais ou eixos temáticos.

Encerrada a pré-análise, procedemos com a exploração propriamente dita, que ocorreu por meio de operações de codificação, decodificação ou enumeração, conforme as regras previamente formuladas. Nessa etapa, realizamos um curso on-line sobre análise de conteúdo e referente ao software ATLAS.ti, empregado para a análise e tratamento de informações em pesquisas qualitativas. Ressaltamos que as categorias e subcategorias foram extraídas, nesta pesquisa, do referencial teórico eleito para sustentar a tese; dos roteiros de entrevista; das reportagens analisadas sobre a realidade socioeconômica e política do Haiti; e, notadamente, dos conteúdos que sobrevieram nas entrevistas realizadas no decorrer da pesquisa.

Dessa forma, realizar o tratamento das informações coletadas na pesquisa implicou em codificá-las. A codificação envolveu a modificação dos dados brutos do texto, a partir de processos como recorte, agregação e enumeração, resultando numa representação do conteúdo, ou na criação de índices. Constituiu-se de um processo em que os dados brutos foram transformados continuamente e agregados em unidades que possibilitaram a descrição das características do conteúdo. A unidade de registro consistiu na unidade a ser codificada correspondendo ao segmento de conteúdo que foi considerado como unidade de base (Bardin, 2020).

Do ponto de vista operacional, a análise de conteúdo parte de uma literatura de primeiro plano para atingir o nível mais aprofundado: aquele que ultrapassa os significados manifestos. Para isso, a análise de conteúdo em termos gerais relaciona estruturas semânticas (significantes) com estruturas sociológicas (significados) dos enunciados, articula a superfície

---

[21] Segundo Bardin (2011), leitura flutuante corresponde ao primeiro contato com os documentos que serão submetidos à análise, a escolha deles, a formulação das hipóteses e objetivos, a elaboração dos indicadores que orientarão a interpretação e a preparação formal do material.

dos textos descrita e analisada aos fatores que determinam suas características: variáveis psicossociais, contexto cultural, contexto e processo de produção da mensagem (Bardin, 2020).

Explicitadas as abordagens epistemológicas e a trajetória metodológica da pesquisa, daremos seguimento ao próximo capítulo, que trata da política de reunificação familiar enquanto política pública e a trajetória das famílias haitianas para reunir a família.

CAPÍTULO 3

A REUNIFICAÇÃO FAMILIAR COMO POLÍTICA PÚBLICA: A TRAJETÓRIA DAS FAMÍLIAS HAITIANAS PARA REAGRUPAR A FAMÍLIA

3.1 POLÍTICAS DE REUNIFICAÇÃO FAMILIAR: MODELOS DA FRANÇA E DO BRASIL

3.1.1 A política de *Regroupement Familial* francesa

O conteúdo a seguir foi baseado em informações da homepage do *Office Français de L'Immigration et de L'Integration* (OFII)[22], que consiste no serviço que operacionaliza a política pública de reunificação familiar na França[23]. Tomamos conhecimento desse material após visita institucional ao OFII, a fim de agendarmos entrevista com responsável pelo serviço no que tange aos procedimentos para a reunificação familiar. Igualmente, foram utilizadas referências bibliográficas que tratam do universo da reunificação familiar francesa.

A política de atendimento a migrantes na França, cujos primórdios estão relacionados ao contexto das Guerras Mundiais, originalmente, foi fundada na necessidade de obter força de trabalho para diversos segmentos na França, entre eles a reconstrução do país após a 1ª e 2ª Guerras Mundiais. Teve as primeiras ações ainda no início do século XX, para impulsionar a indústria têxtil francesa. Naquela época, para recrutar trabalhadores imigrantes com o objetivo de atuar na França, foram criados os seguintes departamentos ministeriais: Serviço do Trabalho Agrícola; Serviço do Trabalho Estrangeiro; e o Serviço dos Trabalhadores Coloniais (OFII, [2023]).

Em entrevista com representante do Escritório Francês de Imigração e Integração, regional da Bretanha, obtivemos a seguinte informação:

---

[22] OFII – OFFICE FRANÇAIS DE L'IMMIGRATION ET DE L'INTEGRATION. Regroupement familial. [2023]. Disponível em: https://www.ofii.fr/. Acesso em: 20 jun. 2023.

[23] O Canadá igualmente se destaca pelas políticas de reunificação familiar.

> Após a guerra, o Estado francês quis trazer trabalhadores estrangeiros para ajudar na reconstrução. E, de fato, todos esses trabalhadores estrangeiros tinham família em casa. Então, de repente, eles criaram o reagrupamento familiar para permitir que essas pessoas se juntassem a seus cônjuges que vieram para a França. E basicamente era para ser apenas temporário. É isso, hora de reconstruir etc. Mas, no fundo, é uma coisa que se tornou permanente e se instalou com o tempo. (Tradução livre).

Após a 1ª Guerra Mundial, esses departamentos ministeriais deixaram de responsabilizar-se por tal matéria, o que foi incumbido às próprias empresas contratantes. Ainda no início do século XX, foi criado o Serviço Social de Ajuda aos Emigrantes (SSAE), com a finalidade de auxiliar emigrantes em situações de emergência humanitária e social. Paralelo a isso, surgiu a Sociedade Geral de Imigração Agrícola, a cargo das organizações patronais. Essa conjuntura permitiu à França tornar-se o primeiro país europeu de imigração no período entre guerras (OFII, [2023]).

A política de imigração francesa foi desenvolvida nos marcos da crise da década de 1930, destacando-se que em 1938 foi criado o primeiro Subsecretariado de Estado da Imigração. A continuidade dessa política foi interrompida no decorrer do regime de Vichy[24], em razão das medidas racistas e antijudaicas da época, retomando-se as atividades com a Libertação[25].

De 1945 a 1950, o General de Gaulle[26] precisou reconstruir o país e, para isso, promulgou o decreto de 2 de novembro de 1945, que criou o Escritório Nacional de Imigração. Constituindo-se no primeiro órgão estatal a responsabilizar-se pelo recrutamento de trabalhadores migrantes, atuou em conjunto com o Ministério do Trabalho e Segurança Social para o recrutamento dos trabalhadores e do Ministério da Saúde Pública e População para os exames de saúde dos migrantes.

---

[24] Em 10 de julho de 1940, no cassino da cidade das águas de Vichy (Auvérnia, centro da França), a Assembleia Nacional, eleita em 1936, aprovou a concessão de plenos poderes ao marechal Philippe Pétain. Poucos deputados se opuseram à decisão, que marcou o fim da III República e o começo de que se denominou de "regime de Vichy", um dos capítulos mais vergonhosos e humilhantes da história francesa (Max, 2022).

[25] A data 25 de agosto de 1944 é o marco inicial da libertação da França da ocupação nazista. STEGEMANN, Michael. 1944: Paris é libertada da ocupação nazista. **DW – Made for Minds**, 25 ago. 2022. Disponível em: https://www.dw.com/pt-br/1944-paris-%C3%A9-libertada-da-ocupa%C3%A7%C3%A3o-nazista/a-320231. Acesso em: 23 fev. 2024.

[26] Charles de Gaulle (1890-1970) foi um general e político francês. Um dos comandantes aliados na 2ª Guerra Mundial e um dos principais estadistas do pós-guerra. Nasceu em Lille, na França (Frazão, 2019).

Nos primeiros anos, o Escritório Nacional de Imigração teve franca atuação na reconstrução da França, contando principalmente com força de trabalho italiana. A partir de 1948, a atuação do Escritório sofreu um influxo devido à redução da destinação de recursos estatais. Somente a partir de 1951, o Escritório Nacional de Imigração voltou a receber novos recursos. Nos anos 1960, a Europa passou a manter atenção às atividades do referido Escritório, frente à expansão de suas missões para a Turquia, Espanha, Marrocos, Tunísia e Iugoslávia. Sua principal causa naquele período centrou-se na regularização de imigrantes clandestinos, registrando-se que entre 1945 e 1975 passaram pelo escritório cerca de seis milhões de imigrantes (OFII, [2023]).

Nas décadas de 1970 a 1980, a tônica do Escritório Nacional de Imigração era o desenvolvimento de uma política francesa de integração de imigrantes e de igualdade de condições com cidadãos franceses. Contudo os reflexos da crise do petróleo na França acarretaram a suspensão das suas atividades em 1974 e a redução das missões no exterior (OFII, [2023]).

Por outro lado, as atividades do Escritório Nacional de Imigração tiveram continuidade, a partir da revisão de seus objetivos, tornando-se central: 1) incluir os trabalhadores imigrantes e as suas famílias e encaminhá-los aos serviços necessários; 2) realizar ações voltadas à imigração familiar, responsabilizando-se por verificar se os imigrantes trabalhadores que almejam trazer seus (suas) familiares dispõem de alojamento adequado para acolhê-los(as); 3) reintegrar os imigrantes ao país de origem de forma assistida. Essa questão tornou-se, pela primeira vez na França, pauta de política pública migratória (OFII, [2023]).

Entre as décadas de 1990 e 2000, o Escritório Nacional de Imigração foi transformado em Gabinete das Migrações Internacionais. As frentes de trabalho assumidas a partir de então por esse órgão referiram-se à expatriação, destinada à inserção e ao acompanhamento de franceses(as) em empregos no exterior, além da realização de entrevista individual com imigrantes a fim da avaliação das suas necessidades na França (OFII, [2023]). Nessa perspectiva, foram criadas as plataformas de acolhimento, versando exclusivamente sobre as solicitações de reunificação familiar e a introdução de cursos de formação cívica e linguística, mobilizando diversas associações. O Gabinete, dessa forma, criou programas mais qualificados para a reintegração de imigrantes em seus países de origem e, nos anos 2000, o Gabinete assumiu como demanda, o acolhimento de solicitantes de asilo na França e o encaminhamento dos requerentes para os centros de acolhimento no âmbito do sistema nacional de acolhimento (OFII, [2023]).

No decorrer dos anos 2000, houve a alteração da designação do órgão responsável pela questão migratória, até que no ano de 2009 surgiu um operador único, denominado Escritório Francês de Imigração e Integração. Subordinado à Direção-Geral dos Imigrantes na França, o Ministério do Interior tornou-se referência para o acolhimento, o apoio e a integração de imigrantes.

O órgão é administrado por um Conselho de administração formado por um presidente e um diretor-geral, nomeados por decreto, e por 24 membros. Dentre os membros, constam um presidente, dois vice-presidentes, oito representantes do Estado, dois deputados, quatro pessoas qualificadas, dois representantes do pessoal, três membros consultivos e quatro membros do Escritório. As missões do Escritório Francês de Imigração e Integração são as seguintes:

> • Acolhimento e apoio aos requerentes de asilo.
>
> • Gestão dos procedimentos legais de imigração (familiar, profissional) junto ou por conta das prefeituras e dos postos consulares diplomáticos.
>
> • Acolhimento e integração dos imigrantes autorizados a residir na França a longo prazo e que assinaram um contrato republicano de integração com o Estado.
>
> • Ajuda ao regresso voluntário e à reintegração dos estrangeiros que atingiram o termo do seu direito e se encontram em situação irregular, no seu país de origem.
>
> • Emissão de um parecer médico no âmbito do procedimento de autorização de residência por razões médicas (OFII, [2023], s/p).

A cobertura do Escritório efetiva-se por meio de 31 delegações territoriais espalhadas pela França continental e os departamentos ultramarinos:

Figura 4 – França continental e os departamentos ultramarinos

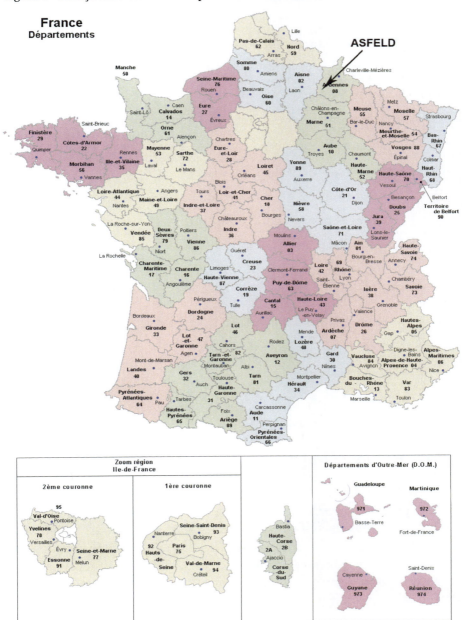

Fonte: GRATISPNG ([2010])[27]

---
[27] Acesso em: 11 nov. 2023.

Os escritórios regionais dividem-se da seguinte forma entre a França continental e territórios ultramarinos:

- Hauts-de-France: Lille e Amiens
- Île-de-France: Paris, Créteil, Bobigny, Melun, Montrouge, Cergy
- Mayotte: Mayotte antenne
- Bourgogne-Franche-Comté: Besançon, Dijon,
- Auvergne-Rhône-Alpes: Grenoble, Lyon, Clermont-Ferrand
- Grand Est: Metz, Reims, Strasbourg
- Nouvelle-Aquitaine: Bordeaux, Limoges, Poitiers
- Occitanie: Montpellier, Toulouse
- Normandie: Caen, Rouen
- Bretagne: Rennes
- Pays de la Loire: Nantes
- Provence-Alpes-Côte d'Azur: Nice, Marseille
- Centre-Val de Loire: Orléans
- Guyane: Cayenne
- La Réunion: La Réunion
- Guadeloupe: Guadeloupe

3.1.2 Os procedimentos para efetivar a reunificação familiar na França

Segundo o Escritório Francês de Imigração e Integração (OFII, [2023]), o *regroupement familial* pode ser demandado exclusivamente para reunir o casal e/ou filhos(as) menores de 18 anos de idade, que vivam em país no exterior e que não faça parte da União Europeia. Os(as) filhos(as) podem ser provenientes do casamento atual ou anterior, adotados ou acolhidos por *kafala*[28]. A agente do escritório regional da Bretanha complementa:

---

[28] De acordo com o Direito Muçulmano, o instituto da adoção diferencia-se da prática havida no ocidente. Defende-se assim o acolhimento por *kafala*, modo de acolhimento familiar que assegure os cuidados materiais e espirituais da criança, sem perder o vínculo com os pais biológicos e sua herança cultural (Frota, 2005).

> Desde que os filhos sejam menores, os filhos que ele quer trazer sejam menores, não há problema. Mas o reagrupamento familiar de um filho adulto não é possível. O reagrupamento familiar é apenas para cônjuges, portanto, casados, e/ou filhos menores. Não é dirigido a pais, irmãos, tios, tias, tudo isso, não, não entra em jogo. (Tradução livre).

Torna-se necessário ainda que o(a) familiar requerente sediado na França habite o país legalmente. Quanto aos demais integrantes da família que almejam o *regroupement familial* na França, devem solicitar um visto pessoal.

São estabelecidos critérios para solicitar esse benefício relacionado às condições de moradia do imigrante que já tenha se instalado na França há, pelo menos, 18 meses, ou a 12 meses no caso de argelinos (Acordo Franco-Argelino), e ao montante percebido como salário, permanecendo fora do cálculo o saldo de abonos, complementos e subsídios. As exigências variam conforme o número de familiares, à exceção de critérios específicos estabelecidos no Acordo Franco-Argelino[29].

Para formalizar o pedido de *regroupement familial*, é preciso seguir algumas etapas. A primeira delas é reunir a documentação exigida pelo OFII para tal fim. Os documentos devem ser traduzidos para a língua francesa por um(a) tradutor(a)-intérprete autorizado por um tribunal de recurso. Após isso, deve-se preencher um formulário específico fornecido pelo OFII. Por fim, o formulário preenchido e a documentação exigida devem ser enviados por correio para o escritório regional do OFII.

Recebida a documentação, o OFII verificará se a candidatura é admissível e se está completa. Caso contrário, havendo a falta de documentos, a direção do OFII enviará ao(à) postulante a lista dos documentos faltantes, estabelecendo um prazo para retorno. Caso a candidatura não seja concluída em tempo hábil, o(a) requerente deverá enviar novo pedido de *regroupement familial* para o OFII.

A modo de síntese, a entrevistada pertencente ao escritório regional da OFII que abrange a Bretanha, assinalou que os critérios são os seguintes:

---

[29] Assinado em 27 de dezembro de 1968 pelo diplomata francês na Argélia Jean Basdevant e por Abdelaziz Bouteflika, então ministro argelino da Negócios Estrangeiros, esse acordo pretendia "fornecer uma solução abrangente e duradoura para os problemas relacionados com a circulação, emprego e residência de cidadãos argelinos em território francês". (Le Journal 2L'Áfrique. Disponível em: https://lejournaldelafrique.com/pt/qual--%C3%A9-o-acordo-franco-argelino-de-1968-sobre-o-qual-zemmour-quer-voltar/. Acesso em: 3 mar. 2024).

> Na verdade, os critérios são recursos e moradia. Aí está, em um endereço que o Estado colocou, então está no site do governo. Ou no site do OFII fica por isso indicado, existem regras a respeitar consoante a composição familiar. Ou seja, dependendo do número de pessoas na família. Dependendo desse número de pessoas, você precisará ter uma acomodação bastante grande e ter uma renda que corresponda à composição familiar. Assim, os rendimentos são calculados com base nos 12 meses anteriores ao pedido de reagrupamento familiar. (Tradução livre).

Caso o pedido estiver completo e for aceito, o OFII fornecerá um certificado de apresentação contendo a lista dos(as) familiares abrangidos(as) pelo pedido. Posto isso, o OFII ou a Câmara Municipal seguirá até o domicílio dos(as) postulantes. A Prefeitura Municipal decidirá sobre o pleito no prazo de até seis meses após a emissão do certificado de apresentação.

Segundo representante do escritório regional da OFII da região da Bretanha,

> Para o reagrupamento familiar realizado pelo OFII há agentes de investigação. Porque existe um investigador que realiza visitas domiciliares para verificar a habitabilidade do alojamento. Sim, é quem também faz o levantamento de recursos. Também estamos trabalhando com a prefeitura. Sim, porque a Câmara Municipal tem a possibilidade, se assim o desejar, de fazer as vistorias. Em geral, ela não quer fazer, mas a gente dá a possibilidade. E, finalmente, a última instituição com a qual trabalhamos no reagrupamento familiar é a prefeitura. Porque na verdade quem concede ou recusa o reagrupamento familiar é a prefeitura. Quem toma as decisões é ela. (Tradução livre).

Na hipótese do pedido de *regroupement familial* ser recusado, a agente entrevistada do OFII explicitou o seguinte:

> Então, se alguma vez um requerente solicitar o reagrupamento familiar, por exemplo, então nós, assim que tivermos todos os documentos que estamos pedindo, a gente leva o processo. Mesmo que a gente veja que o senhor, por exemplo, não tem renda nem nada, ainda estamos processando o processo porque o OFII não toma uma decisão, diga-se de passagem. Apenas a prefeitura tomará a decisão com base nas investigações que foram realizadas. Portanto, se a investigação indicar que o senhor não tem renda suficiente ou que o senhor, ou a senhora, não tem uma residência grande o suficiente, a prefeitura recusa o processo de reagrupamento familiar e o requerente tem dois meses para recorrer. (Tradução livre).

3.2 A POLÍTICA DE REUNIÃO FAMILIAR BRASILEIRA

Em pesquisa ao Catálogo de Teses e Dissertações da Capes realizada nos anos de 2019 a 2023[30], na opção teses, palavra-chave "reunião familiar", localizamos a pesquisa de Martuscelli, publicada no ano de 2019, intitulada "'Refúgio significa saudades': A Política Brasileira de Reunião Familiar de Refugiados em Perspectiva Comparada (1997-2018)". Procedemos à pesquisa igualmente com o termo "reunificação familiar", contudo não dispunha de nenhuma tese publicada.

Na tese de Martuscelli (2019), a autora evidenciou um descompasso entre o arcabouço legal sobre a reunião familiar e a implementação dessa política pública. Assinalou ainda a necessidade de avaliar a política de reunião familiar de acordo com duas principais perspectivas: o público-alvo e as figuras que elaboram e implementam a respectiva política (organizações da sociedade civil, especialistas e autoridades).

Partindo de uma análise da reunião familiar do ponto de vista político, Martuscelli (2019, p. 22-3) observou-a como "ao mesmo tempo exerce as funções de uma política pública e de diretrizes da política externa brasileira (assim como busca cumprir compromissos internacionais firmados pelo Brasil)". Este estudo seguiu as pistas apresentadas por Martuscelli (2019) em sua tese, desta vez, analisando a política de reunificação familiar para migrantes haitianas sediadas em Santa Catarina, e que procuram reintegrar os laços com filhas(os) que estejam no Haiti.

---

[30] Disponível em: https://catalogodeteses.capes.gov.br/catalogo-teses/#!/. Acesso em: 26 jun. 2023.

São muitas as terminologias adotadas para tratar da reunificação familiar, a depender do país, da cultura e da legislação. Os termos encontrados nessa pesquisa foram "reunião familiar", na legislação brasileira, "reagrupamento familiar" (*regroupement familial*), empregado na França, e "reunificação familiar", nos termos do disposto por Mejía, Bortoli e Lappe (2015) para estudar o papel das mulheres migrantes nos projetos familiares que mobilizam a imigração haitiana para o Brasil, o que foi eleito como categoria desta pesquisa.

A migração familiar é definida em Martuscelli (2019) como a migração de pessoas em razão de novas ou já estabelecidas conexões familiares, classificando-se em quatro tipos: reunião familiar (quando integrantes de uma família se reencontram); formação familiar (quando uma nova família é criada); adoção internacional e acompanhamento familiar (quando os integrantes de uma família são admitidos juntos).

Importante contextualizar os compromissos firmados pelo Brasil na temática da reunificação familiar, à medida que se tornou signatário de acordos internacionais. Lima e Sodré (2022) ressaltam a posição do Estado brasileiro enquanto membro da Organização dos Estados Americanos (OEA)[31], e aderente específico de sua Convenção Americana de Direitos Humanos (CADH) — Pacto de São José da Costa Rica[32] —, bem como, submetido às diretrizes, orientações e determinações da Corte Interamericana dos Direitos Humanos (CIDH), órgão consultivo e judiciário da OEA na matéria imigratória. Destacam ainda que o Pacto de São José da Costa Rica foi ratificado pelo Brasil em 25 de setembro de 1992 e promulgado por meio do Decreto nº 678, de 6 de novembro de 1992, emitido

---

[31] Sucessora das Conferências Pan-americanas e da União Pan-americana (1910), a Organização dos Estados Americanos (OEA), fundada em 1948 e sediada em Washington, Estados Unidos, é a mais antiga organização regional em atividade. Tem por finalidades construir uma ordem de paz e de justiça no continente americano, promover a solidariedade, o desenvolvimento e a cooperação entre os Estados da região, além de defender a democracia e os Direitos Humanos. (BRASIL. Ministério das Relações Exteriores. Organização dos Estados Americanos (OEA). 3 nov. 2022. Disponível em: https://www.gov.br/mre/pt-br/assuntos/mecanismos-internacionais/mecanismos-de-integracao-regional/organizacao-dos-estados-americanos. Acesso em: 3 mar. 2024).

[32] A Convenção Americana sobre Direitos Humanos (CADH) — aprovada em 22 de novembro de 1969 pelos Estados Membros da Organização dos Estados Americanos — reafirma o propósito de consolidar no continente um regime de liberdade pessoal e de justiça social, fundado no respeito dos direitos essenciais do ser humano. O documento instituiu o denominado Sistema Interamericano de Direitos Humanos (SIDH), composto por dois órgãos principais: a Comissão Interamericana de Direitos Humanos (CIDH) e a Corte Interamericana de Direitos Humanos (Corte IDH). (BRASIL. Supremo Tribunal Federal. Convenção Americana sobre Direitos Humanos: anotada com a jurisprudência do Supremo Tribunal Federal e da Corte Interamericana de Direitos Humanos. 2. ed. Brasília: STF, Secretaria de Altos Estudos, Pesquisas e Gestão da Informação, 2022).

pelo Vice-Presidente Itamar Franco, então já em exercício da Presidência da República. No tocante ao refúgio familiar, estudo de Martuscelli (2019) evidenciou que a reunião familiar é um direito garantido a refugiados por meio da Lei nº 9474/1997 e resoluções do Comitê Nacional para Refugiados (Conare)[33].

Conhecido por ser primeiramente um país receptor de migrantes notadamente europeus, e posteriormente emissor de migrantes, o Brasil passou recentemente a ser receptor de imigrantes do Sul Global, sobretudo após o endurecimento das fronteiras nos países do Norte Global. Nesse panorama, uma das primeiras menções à reunificação familiar entre o(a) migrante que se fixou em solo brasileiro e familiar(es) que permaneceram no país de origem é encontrada na Lei nº 13.344, de 6 de outubro de 2016, que dispõe sobre a prevenção e repressão ao tráfico interno e internacional de pessoas e sobre medidas de atenção às vítimas e alterações no Códigos Penal e de Processo Penal brasileiros (respectivamente Decretos-Lei nº 2848/1940 e nº 3689/1941).

O tema é retomado com a promulgação da Lei nº 13.445, de 24 de maio de 2017, que institui a Lei de Migração. Na Seção II, dos Princípios e das Garantias, Artigo 3º, inciso VIII, menciona a garantia do direito à reunificação familiar como princípio e diretriz. O Artigo 4º da mesma Lei assegura como direito do(a) migrante a reunião familiar com seu(sua) cônjuge ou companheiro(a) e filhos(as), familiares e dependentes. Na subseção IV, que versa sobre o visto temporário, consta que poderá ser concedido à imigrante que venha ao Brasil a fim de estabelecer residência por tempo determinado, inscrevendo-se dentre outras hipóteses, a reunião familiar.

A seção V da supracitada Lei trata especificamente da Reunião Familiar, consignando no Artigo 37 que o visto ou a autorização de residência com a finalidade de reunião familiar será concedido ao(à) imigrante:

> I - Cônjuge ou companheiro, sem discriminação alguma;
> II - Filho de imigrante beneficiário de autorização de residência, ou que tenha filho brasileiro ou imigrante beneficiário de autorização de residência;

---

[33] O Comitê Nacional para os Refugiados (Conare) é um órgão colegiado, vinculado ao Ministério da Justiça e Segurança Pública, que delibera sobre as solicitações de reconhecimento da condição de refugiado no Brasil. Suas competências e composição estão definidas no Artigo 12 da Lei nº 9.474, de 22 de julho de 1997. (BRASIL. Ministério da Justiça e Segurança Pública. Comitê Nacional para os Refugiados (Conare). [2023]. Disponível em: https://www.gov.br/mj/pt-br/assuntos/seus-direitos/refugio/institucional. Acesso em: 3 mar. 2024).

III - Ascendente, descendente até o segundo grau ou irmão de brasileiro ou de imigrante beneficiário de autorização de residência; ou
IV - Que tenha brasileiro sob sua tutela ou guarda (Brasil, 2017, s/p).

A Portaria Interministerial nº 12, de 14 de junho de 2018, instituída entre os Ministérios da Justiça, da Segurança Pública e das Relações Exteriores, dispõe sobre os procedimentos para a tramitação das solicitações de visto temporário e sobre a autorização de residência para reunião familiar. Essa normativa estipula o grau de vinculação para a concessão do visto temporário para reunião familiar, os documentos e respectivos comprovantes que deverão instruir o requerimento de visto temporário para reunião familiar, o prazo de validade do referido visto, dentre outros aspectos.

O mais recente instrumento legislativo nesse tocante diz respeito à Portaria Interministerial nº 38, firmada entre o Ministério da Justiça e Segurança Pública e o Ministério das Relações Exteriores, promulgada em 11 de abril de 2023[34]. Consiste no mais importante instrumento legal para a pesquisa em exposição, posto que dispõe sobre a concessão de autorização de residência prévia e do visto temporário com a finalidade de reunião familiar para nacionais haitianos e apátridas, com vínculos familiares no Brasil.

O Haiti enfrentou em seu processo histórico o fenômeno da apatridia imposta pela República Dominicana contra imigrantes haitianos(as) que se instalaram naquele país. Ligado a razões históricas que envolveram o processo colonizador pelas grandes potências mundiais da época, a independência do Haiti, tornando-a a primeira nação negra independente do mundo e a dissociação cognitiva[35] desse fenômeno, originando um discurso anti-haitianista que levou principalmente a República Dominicana a depreciar significativamente os(as) vizinhos(as) haitianos(as), foi mobilizado um processo de apatridia que atingiu gerações de haitianos(as) (Silva; Amorim, 2019). Segundo as autoras,

> A ausência de nacionalidade, como assentado nas normas internacionais, limita o acesso a direitos humanos. Destarte, a apatridia imposta na RD [República Dominicana]

---

[34] As entrevistas que compõem esta obra foram realizadas antes da promulgação da Portaria Interministerial nº 38/2023.

[35] Dissonância cognitiva é um termo importado da Psicologia que indica uma diferença entre aquilo que uma pessoa diz e aquilo que ela faz. Nas Ciências Sociais pode ser entendida como a negação da realidade, engano e sabotagem mental (Di Sarno, 2020).

constitui-se um genocídio civil, uma vez que milhares de pessoas, antes dominicanas, "morreram" civilmente: estão impedidas de estudar, votar, viajar, adquirir propriedade, abrir contas bancárias, aceder os sistemas de saúde e de previdência, etc. A falta de documentação também torna tais indivíduos vulneráveis a detenções arbitrárias, a deportações, e a uma sorte de violações (Silva; Amorim, 2019, p. 7).

Com validade até 31 de dezembro de 2024, a Portaria Interministerial nº 38 de 2023 objetiva adequar e agilizar a emissão dos vistos temporários para reunião familiar, previstos na Lei nº 13445 de 2017, destinados exclusivamente a nacionais haitianos(as) e apátridas cujos familiares residam em solo brasileiro, devido à crise humanitária que acomete o Haiti, interseccionada por questões sociopolíticas e ambientais. Tal qual a Portaria Interministerial nº 12/2018, estabelece o grau de vinculação para a concessão do visto temporário para reunião familiar, os documentos e respectivos comprovantes que deverão instruir o requerimento de visto temporário para reunião familiar, o prazo de validade do referido visto, dentre outros aspectos.

Em entrevista com o Coordenador-geral de Política Migratória do Departamento de Migrações da Secretaria Nacional de Justiça (Ministério da Justiça e Segurança Pública, Governo Federal do Brasil), as principais motivações para a promulgação da Portaria Interministerial nº 38 de 2023 perpassaram a seguinte trajetória:

> A gente nunca teve uma medida específica, como essa dos haitianos. A reunião familiar, ela é definida pela nossa Lei de Migração de 2017, no artigo 37. Mas a principal questão é que o Brasil sempre garantiu a reunificação familiar como um direito humano, até porque isso está na Declaração Universal dos Direitos Humanos, estava também na nossa lei anterior de migração de 1980, e foi atualizada na Lei 3445 de 2017. No entanto, o que acontece é que os haitianos, pela situação de vulnerabilidade que se encontra o país, eles não tinham condições de juntar toda a documentação exigida pela legislação atual. Como, por exemplo, compromisso de manutenção, documento feito em cartório, isso tem um custo alto, mesmo a tradução de toda a documentação, tradução juramentada, enfim, toda uma série de requisitos que a legislação atual pede que eles não tinham condições de apresentar. É por isso que foi feita uma portaria específica para eles [haitianos].

São diferenciais nessa Portaria Interministerial, a prioridade às solicitações de residência prévia e do respectivo visto temporário para a reunião familiar de mulheres, crianças, idosos, pessoas com deficiência e seus grupos familiares (Artigo 1º, § 3º), a definição das figuras de chamante e chamado(a)[36], a facilitação da documentação que instruirá as solicitações de residência prévia e visto temporário para a reunião familiar, e a isenção de taxas, emolumentos e multas para obtenção de visto, registro, autorização de residência prévia. Indagado sobre as principais inovações da mencionada portaria, o Coordenador-geral arrematou o seguinte:

> Ela é praticamente toda inovação. O que eu não estou dizendo que ela seja melhor que qualquer outra, mas eu acho que ela é muito inovadora. Primeiro... Porque a primeira coisa que eu acho que muda tudo... É o fato de se ter uma autorização prévia de residência, ou seja, não há outra possibilidade de reunificação familiar como essa que o próprio departamento de migração através da CGIL e da CGP-MIG faz análise da documentação e analisa e defere ou indefere uma autorização de residência. Então, o migrante haitiano, a partir disso, ele somente irá se apresentar à embaixada para retirar o visto. Então, essa é a grande diferença. Primeiro, digamos que em termos de modelo, é uma mudança de paradigma aí. A segunda questão é que a documentação é quase 100% declaratória. Basicamente, os migrantes apresentarão os documentos pessoais, os quais serão traduzidos. E as pessoas vão declarar. Então, por exemplo, se for trazer um dependente, vai declarar que essa pessoa vive sob sua dependência. Vai declarar que vive maritalmente. Vai declarar que é casado. Enfim, praticamente toda documentação é autodeclaratória. E, é claro, a gente colocou com bastante ênfase as declarações tanto do chamante como do chamado, que são a da veracidade. Porque tem um trabalho também de capacitação, conscientização, para não tornar o fato de uma luta por reunir a família depois se tornar uma luta por responder a um processo criminal. Então, a gente tem... para que esses processos realmente sejam verdadeiros. Então, acho que essa é uma das... é a outra principal inovação. Colocaria assim, duas grandes inovações. Primeiro, que a autorização de residência é feita brevemente pelo Ministério da Justiça e não lá pelo Itamaraty. E a segunda é que, basicamente, a documentação é toda autodeclarada.

---

[36] Segundo a Portaria Interministerial nº 38 de 2023, é chamante o(a) imigrante hatiano(a) instalado no Brasil que dá início ao processo de Reunião Familiar. Já o(a) chamado(a) é o(a) familiar que ainda está no Haiti e será reunido ao seu agrupamento familiar já sediado no Brasil.

Estabelecendo um comparativo entre as políticas francesa e brasileira de reunificação familiar, é possível apontar para os seguintes caminhos: observamos que a França apresenta larga tradição imigratória, cuja política de *regroupement familial* é uma pauta política histórica. Aliado a isso, o modelo francês de *regroupement familial* dispõe de legislação consolidada e de estrutura operacional descentralizada, considerando-se que a extensão territorial do país é pequena, o que pode favorecer a implementação e a gestão da referida política. Por outro lado, identificamos que o planejamento orçamentário se revela frágil, rondando a suspeita, ano após ano, da descontinuidade do *regroupement familial* francês.

O Brasil, por sua vez, dispõe de arcabouço legislativo sobre a política de reunião familiar, entretanto, a sistematização dessa política é extremamente desafiadora frente à extensão continental do país e à diversidade sociocultural, econômica e política. Nesse sentido, como aponta o Coordenador-geral, o Ministério da Justiça e Segurança Pública conta com o apoio de inúmeras organizações da sociedade civil e de estabelecimentos públicos para a capilarização da reunião familiar enquanto política recente:

> [...] na verdade, praticamente toda a nossa rede está mobilizada nisso. Começando pelas agências, por exemplo, a OIM[37], o próprio Acnur[38] também, que vem em uma luta para reconhecê-los como refugiados. A partir disso, também, as próprias organizações religiosas[39] ligadas à Pastoral do Migrante. Então, se eu pegar Cuiabá, o Centro Pastoral do Migrante, praticamente organiza a grande maioria. Não que o centro atende, mas o centro acaba sendo uma ponte importante entre os haitianos que estão lá. Porto Velho, Manaus, toda essa região Norte, onde há muitos haitianos também. E, para o Sul, nós temos uma rede um pouco mais diversificada.

---

[37] A Organização Internacional para as Migrações (OIM) realiza e apoia pesquisas e produção de dados com o objetivo de orientar e informar sobre políticas e práticas migratórias. Disponível em: https://brazil.iom.int/pt-br/dados-e-informacoes. Acesso em: 3 mar. 2024.

[38] A Agência da Organização das Nações Unidas para Refugiados (Acnur) é uma organização dedicada a salvar vidas, assegurar os direitos e garantir um futuro digno a pessoas que foram forçadas a deixar suas casas e comunidades devido a guerras, conflitos armados, perseguições ou graves violações dos Direitos Humanos. Disponível em: https://www.acnur.org/portugues/sobre-o-acnur/#. Acesso em: 3 mar. 2024.

[39] As igrejas cumprem um importante papel no sentido de acolher e contribuir para a socialização das migrantes, entretanto acabam por substituir o papel do Estado.

> Então, além da Pastoral do Migrante, tem muitas universidades também, como a Universidade da Fronteira Sul em Santa Catarina, que é uma parceira muito envolvida. A própria Pastoral do Migrante também, o Centro de Apoio ao Migrante de Caxias. Enfim, nós temos hoje, trabalhando conosco, mais de 160 organizações da sociedade civil. Também as Defensorias Públicas, o Ministério Público do Trabalho, sindicatos... Então, é uma rede muito diversificada.

> Hoje, já temos mapeado mais de 160 organizações, além de toda uma rede também de brasileiros no exterior que, pela primeira vez, a gente acabou organizando isso. E qual é o nosso projeto nesse sentido? Nós lançarmos editais, a partir do segundo semestre ou do ano que vem, para a gente referenciar, não todos, mas uma quantia significativa desses centros de atendimento a imigrantes, seja da sociedade civil, seja da universidade, seja do poder público. Também estamos organizando uma rede nacional de cidades acolhedoras. Então, hoje, são mais de 700 cidades que recebem imigrantes haitianos pelo Brasil. A gente tem conversado com pequenas cidades, onde eles não têm respaldo, não têm organizações da sociedade civil lá, não têm universidade. E eles têm nos procurado. Então, um exemplo, Coronel Vivida, no interior do Paraná, tem 500 haitianos. Nova Erechim, em Santa Catarina, também teve mais de 400. Hoje, tem menos. Sinop — estive lá em Sinop agora —, o prefeito interessado em atender os imigrantes, são mais de 700 cadastrados lá também. Então, enfim, e eles são haitianos, principalmente, nessas cidades que mencionei. Então, a gente vai estabelecendo essa rede. Hoje, muito informal, mas nós vamos ter a Conferência Nacional de Imigração e, a partir da Conferência, queremos ter organizado todo um sistema de participação e de diálogo com a sociedade civil. Esse é o nosso grande projeto.

Soma-se a isso o fato de o Brasil ser historicamente país emissor de emigrantes para o exterior, cujo histórico de imigrações é ainda recente, e como dito anteriormente, acompanha o processo de aumento de circulação migratória entre os países do Sul Global, face ao enrijecimento das oportunidades de migração para os países do Norte Global. Especificamente com relação à política de reunificação familiar para migrantes haitianos(as) sediados(as) no Brasil, o Coordenador-geral explicita os seguintes desafios:

> A gente não tem ideia de quantos pedidos de reunião familiar serão feitos e mais, e para quantas pessoas serão feitos, porque existem muitos motivos. Então, isso nos preocupa. Nós temos uma equipe pequena para fazer análise. Estamos trabalhando com prazo de 30 dias aqui no MJ. Lá no Itamaraty, que é feito através do Bivac, que é uma entidade, inclusive, terceirizada do Itamaraty, que pertence a OIM, eles vão entrar em contato com a pessoa, a pessoa vem e entrega o passaporte para pegar o visto. Nós temos informação, isso muito detalhado, que hoje são mais de 200 gangues que disputam o poder no Haiti. Há regiões do país onde, por exemplo, não é possível circular uma comunicação, uma carta. Há regiões também que há muita dificuldade de internet. Pode ser que as pessoas... Se tenha muita dificuldade de contatá-las. Por isso, a ideia é contatar tanto quem chamou como a pessoa que está lá. Para ter mais possibilidade de comunicação. Há essa dificuldade também de se chegar no setor de serviço consular. E não há possibilidade, porque não há segurança para que seja estendido para outras regiões do território [...]. Não dá para a gente falar do Haiti só do ponto de vista da acolhida humanitária. Para olhar para o Haiti, é preciso olhar no contexto do Haiti. Até para não absorver para nós toda a responsabilidade em relação às dificuldades. Nós somos apenas um grão de areia dentro dessas dificuldades que vive o Haiti, que precisa de solidariedade internacional.

> [É preciso fazer uma] análise profunda da situação do Haiti, da crise da solidariedade internacional, do abandono do Haiti. O Haiti não arrecadou nem 1% do recurso que precisa para se manter, para manter as pessoas com o mínimo de dignidade... Das doações internacionais. Há um problema muito sério no Haiti. A insegurança é enorme. O Itamaraty tem muita dificuldade de ampliar a equipe, de garantir a segurança dos trabalhadores da Embaixada no Haiti. E isso é um dado que nos preocupa. A gente está, de nossa parte, do governo brasileiro, fazendo todos os esforços para que isso possa funcionar. E a gente tem uma série de outras dificuldades...

Que funcionam também lá e aqui, muitas máfias que ganham dinheiro em cima dessa vulnerabilidade dos haitianos[40]. Então, o que está acontecendo? Nós estamos recebendo muitos processos malfeitos, que estão sendo colocados de qualquer jeito por pessoas que estão enganando os haitianos. Eu sei que as associações relatam que os haitianos reclamam que as associações pedem muito documento para eles. E eles falam assim, "ah, em tal lugar tem um cara que faz e só precisa de três documentos". A gente vai indeferir esses processos porque também precisa ter o mínimo de comprovação de ligação. Eu não posso autorizar a trazer uma criança, se não tiver o mínimo de comprovação de que essa criança tem alguma ligação. Que era o problema das ações judiciais. Os juízes estavam indeferindo com base em relato, muitas vezes, da pessoa. Portanto, Itamaraty, a Corte Federal, não tinha nenhum documento que comprovasse uma ligação familiar. E mais, como não tinham visto, também eles eram obrigados a vir ao Brasil em voos fretados, que é outro mecanismo de exploração. Tem haitianos aí que pagaram 20 mil reais e nunca efetivaram essa viagem. A partir do momento que a gente faz a autorização, que vai pegar um visto, ele tem essa possibilidade de vir ao Brasil por outros países. Ele pode entrar na internet e comprar uma passagem por Panamá, por Quito. Não há voo de Porto Príncipe para nenhuma cidade do Brasil. É preciso ter o visto para poder passar por esses países. Senão, ele não consegue passar. Enfim, é claro que eu misturei alguns temas, mas é para dizer para você que, da nossa parte, todos os esforços, nós temos consciência de que para dar vazão a toda essa demanda não será fácil e é importante que a gente entenda o Haiti dentro de um contexto de uma crise de solidariedade internacional, onde o país está totalmente… Como é que eu vou te dizer, um país fragilizado, em uma grave e generalizada situação de violação dos Direitos Humanos.

---

[40] É exemplificativo disso reportagem publicada no GZH informando que em Porto Alegre cerca de 300 haitianos da região pagaram para trazer os familiares e ficaram sem ver os parentes tampouco com o dinheiro investido. A reportagem ressalta que nesse meio há muitas falcatruas e muitas gangues envolvidas. No caso de Porto Alegre, os cerca de 300 haitianos pagaram 11 mil reais para uma associação formada por haitianos para trazer os seus familiares. Um primeiro voo chegou a se concretizar, o que não ocorreu com o segundo. O dinheiro também não foi devolvido. Disponível em: https://gauchazh.clicrbs.com.br/seguranca/noticia/2022/10/especialista-em-haiti-alerta-para-falcatruas-que-exploram-o-drama-dos-refugiados-cl94jf0op009v013p-ge8qk4sy.html. Acesso em: 3 maio 2024.

3.2.1 Os procedimentos para efetivar a reunificação familiar no Brasil

Publicada em 18 de maio de 2023, e atualizada em 20 de setembro do mesmo ano, a Cartilha Informativa sobre Documentação Reunificação Familiar para Haitianos[41] especifica o passo a passo para a solicitação do pleito em território brasileiro. Apresentando uma breve síntese sobre a Portaria Interministerial MJSP/MRE nº 38, assinala que a solicitação pode ser efetuada por haitiano(a) residente no Brasil, que obteve residência por acolhida humanitária (chamante) e necessita trazer familiares que habitam no Haiti (chamado). Para isso, deve-se utilizar o sistema Migrante Web[42].

Segundo o documento, o Ministério da Justiça e Segurança Pública é encarregado de analisar a autorização de residência. Quando aprovada, o(a) familiar residente no Haiti será contatado pelo serviço consular para tratar do visto. A cartilha expõe que o prazo de autorização de residência para a pessoa chamada coincidirá com o prazo da autorização de residência do(a) familiar chamante. Por meio do portal Migrante Web, é possível acompanhar o andamento da solicitação.

Na cartilha consta como familiar chamante ou requerente os(as) nacionais habitantes no Brasil que obtiveram a autorização de residência por acolhida humanitária. O(a) familiar chamado(a) ou imigrante constitui-se no(a) cônjuge ou companheiro(a), filho(a) de brasileiro ou de imigrante que obteve a autorização de residência, enteado(a) de brasileiro(a) ou de imigrante portador de autorização de residência, desde que menor de 18 anos de idade ou até os 24 anos de idade, caso comprove-se ser estudante, ou de qualquer idade na hipótese de dependência econômica em relação ao(à) chamante. Além dessas possibilidades, pessoa que tenha filho(a) brasileiro(a), pai ou mãe que tenha filho(a) imigrante portador de autorização de residência, avós e avôs de brasileiro ou de imigrante beneficiário de autorização de residência, netos e netas de brasileiro ou de imigrante que obteve autorização de residência, irmão(ã) de imigrante portador de autorização de residência, desde que menor de 18 anos de idade, ou até os 24 anos de idade, se comprovadamente estudante, ou de qualquer idade, se comprovada a dependência econômica em relação ao chamante, e que tenha brasileiro(a) sob guarda, tutela ou curatela. Isto pode ser mais bem visualizado na seguinte figura:

---

[41] Disponível em: https://portaldeimigracao.mj.gov.br/pt/destaques-e-novidades/401725-cartilha-informativa-sobre-documentacao-reunificacao-familiar-para-haitianos. Acesso em: 6 out. 2023.
[42] Sistema Migrante Web: https://migrante.mj.gov.br/login. Acesso em: 30 set. 2023.

Figura 5 – Familiar Chamado (Imigrante)

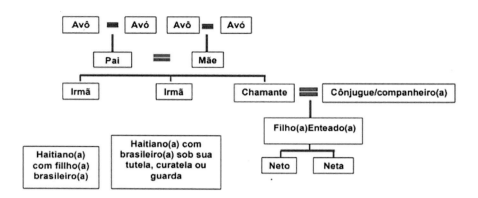

Fonte: Cartilha Informativa sobre Documentação Reunificação Familiar para Haitianos (2023)

O Ministério da Justiça e Segurança Pública revela ainda que um(a) chamante pode incluir em uma solicitação vários familiares chamados, preenchendo-se um formulário e apresentando os documentos de todos(as) os(as) familiares chamados(as). Esclarece ainda não ser possível solicitar a reunião familiar com haitianos sediados na República Dominicana ou em outro país. Afirma também que uma pessoa haitiana que tenha se naturalizado brasileira é abarcada pela portaria. No que diz respeito ao procedimento, consigna que os órgãos envolvidos na apreciação dos pedidos de reunificação familiar para haitianos(as) são: o Ministério da Justiça, incumbido de avaliar os documentos e autorizar a residência; o Ministério das Relações Exteriores, responsável pela emissão do visto; e a Polícia Federal, que procede ao registro quando a pessoa chamada ingressa no Brasil.

A primeira etapa do processo, o qual tramita no Ministério da Justiça e Segurança Pública, ocorre da seguinte forma: a pessoa chamante procede à solicitação no sistema Migrante Web; sendo a autorização aprovada, o Ministério da Justiça envia um comunicado para o Ministério das Relações Exteriores para autorizar a Embaixada do Brasil em Porto Príncipe a emitir o visto temporário com a finalidade de reunião familiar; quando da chegada ao Brasil, o(a) imigrante detentor(a) do visto deverá se registrar na Polícia Federal em até 90 dias após o seu ingresso no território nacional, solicitando a emissão da Carteira Nacional de Registro Migratório.

Dentre as possíveis dúvidas, explicita que aqueles(as) que ingressaram com ação judicial podem fazer a solicitação de reunião familiar desde que não tenham obtido ainda decisão liminar ou liminar indeferida ou revogada. Quem já conseguiu a liminar deve aguardar a conclusão do processo.

Outra questão apresentada refere-se à impossibilidade de dirigir-se à Embaixada em Porto Príncipe para tirar dúvidas, pois o estabelecimento não possui estrutura para qualquer tipo de atendimento presencial. Além disso, o(a) familiar habitante no Haiti será acionado pelo serviço da embaixada do Haiti.

Evidencia ainda que o(a) chamante não precisa enviar carta convite para o(a) chamado(a). Ademais, afirma que não há mais a obrigatoriedade de aquisição da passagem de ida e de volta com o visto de reunião familiar, posto que o tempo de residência coincidirá com o tempo de autorização de residência que o(a) chamante detém (Brasil, 2023a).

Pertinente à documentação a ser apresentada para pleitear o visto de reunião familiar, o Ministério da Justiça e Segurança Pública arrolou os seguintes:

Quadro 7 – Documentos

PARA TRAZER MÃE, PAI, FILHO, FILHA, IRMÃO, IRMÃ, AVÓ, AVÔ:

DOCUMENTO	QUEM?
I - **formulário de solicitação** de autorização de residência prévia devidamente preenchido	Familiar **chamante**
II – **passaporte válido**	Do familiar **chamado**
III - certidão de nascimento ou casamento ou certidão consular, desde que não conste a filiação na documentação prevista no inciso II	Do familiar **chamado**
IV - certidões de antecedentes criminais ou documento equivalente emitido pela autoridade judicial competente de onde tenha residido nos últimos cinco anos ou V - **Declaração de ausência de antecedentes criminais**	Do familiar **chamado** maior de 18 anos
VI - certidão de nascimento ou casamento para comprovação do parentesco entre o requerente e o brasileiro ou imigrante beneficiário de autorização de residência ou **Declaração de filiação**	
IX - **documento de identidade da pessoa chamante**	Do familiar **chamante**
X - **declaração de que o chamante reside no Brasil**	Do familiar **chamante**
XI - documentos que comprovem a dependência econômica, quando for o caso	
XII - documentos que comprovem a tutela, curatela ou guarda de brasileiro, quando for o caso	
Art. 6º § 1º - **Declaração de veracidade de informações**	Do familiar **chamado** maior de 18 anos

PARA TRAZER CÔNJUGE OU COMPANHEIRO(A):

DOCUMENTO	QUEM?
I - **formulário de solicitação** de autorização de residência prévia devidamente preenchido	Familiar **chamante**
II – **passaporte válido**	Do familiar **chamado**
III - certidão de nascimento ou casamento ou certidão consular, desde que não conste a filiação na documentação prevista no inciso II	Do familiar **chamado**
IV - certidões de antecedentes criminais ou documento equivalente emitido pela autoridade judicial competente de onde tenha residido nos últimos cinco anos ou V - **Declaração de ausência de antecedentes criminais**	Do familiar **chamado**
VI - certidão de casamento ou VII – comprovante do vínculo de união estável emitido por cartório no Brasil ou autoridade equivalente no exterior ou Declaração de 2 testemunhas e mais um documento (ver a lista do Art. 6°, §8)	
VIII - **Declaração conjunta** de ambos os cônjuges ou companheiros a respeito da continuidade de efetiva união e convivência	
IX - **documento de identidade da pessoa chamante**	Do familiar **chamante**
X - **declaração de que o chamante reside no Brasil**	Do familiar **chamante**
Art. 6° § 1° - Declaração de veracidade de informações	Do familiar **chamado** maior de 18 anos

Fonte: Cartilha Informativa sobre Documentação Reunificação Familiar para Haitianos

São listados na cartilha: o formulário para requerer autorização de residência; as declarações a serem preenchidas pelo(a) chamante — declaração que o(a) chamante reside no Brasil, declaração de dependência econômica, declaração e compromisso de manutenção; as declarações a serem preenchidas pelo chamado — declaração de antecedentes criminais, declaração de veracidade das informações, declaração conjunta dos cônjuges ou companheiros e declaração de filiação; declaração a ser preenchida pelos pais ou responsáveis (chamante e(ou) chamado) de criança ou adolescente; e a declaração a ser preenchida por testemunha de união estável ou casamento (Brasil, 2023a).

O Ministério da Justiça e Segurança Pública solicita uma tradução simples dos documentos, tornando-se desnecessária a tradução juramentada. Os documentos deverão ser preenchidos diretamente no portal Migrante Web, ao passo que os formulários e as declarações deverão ser preenchidos de forma manuscrita, após a impressão dos formulários diretamente do site do Ministério da Justiça e Segurança Pública (Brasil, 2023a).

Na hipótese de companheiros em união estável não comprovada, o Ministério da Justiça e Segurança Pública informa que podem ser apresentados, alternativamente, os seguintes documentos: declaração de duas testemunhas sobre a existência da união estável (ver formulário disponibilizado pelo Demig) e mais um documento dentre as seguintes opções — comprovação de dependência emitida por autoridade fiscal ou órgão correspondente à Receita Federal; certidão de casamento religioso; disposições testamentárias que comprovem o vínculo; apólice de seguro de vida na qual conste um dos interessados como instituidor do seguro e o outro como beneficiário; escritura de compra e venda, registrada no Registro de Propriedade de Imóveis, em que constem os interessados como proprietários, ou contrato de locação de imóvel em que figurem como locatários; conta bancária conjunta; certidão de nascimento de filho estrangeiro do casal; e outro documento apto a comprovar a união estável (Brasil, 2023a).

Com relação aos prazos, o Ministério da Justiça e Segurança Pública informou que a Portaria entrou em vigor no dia 11 de maio de 2023. Recebido o rol de documentos, estando completo, o processo é analisado em 30 dias. Na ausência de algum documento, este é solicitado por meio do endereço eletrônico informado. A cartilha assevera ainda que não há nenhum custo para solicitar a reunião familiar no Ministério da Justiça e Segurança Pública (Brasil, 2023a).

3.3 PROCESSOS DE REUNIFICAÇÃO FAMILIAR: PRINCIPAIS ENTRAVES

Do total de 13 famílias entrevistadas no curso da pesquisa que deu origem a este livro, apenas quatro conseguiram concluir o processo de reunificação familiar. As demais famílias entrevistadas seguem em processo de transnacionalização familiar.

Foi depreendido das narrativas apresentadas pelas(os) entrevistadas(os) como principais obstáculos para a reunificação familiar uma conjunção de fatores de ordem econômica e política — ligados à corrupção mais especificamente —, apresentados de forma profundamente imbricada. Como consequência disso, embora a Lei de Migração e a Portaria Interministerial nº 38 reafirmem um modelo de família ampliada autorizada à reunião familiar, em termos práticos – sobretudo por razões de natureza econômica –, o reencontro familiar acaba por circunscrever-se a cônjuges ou companheiros e seus(suas) filhos(as), ou seja, perfazendo o modelo de família nuclear.

No tocante à questão econômica, oito famílias assinalaram o elevado custo com o deslocamento — notadamente com a aquisição de passagens áreas —, aliado às despesas para a emissão do visto e a corrupção que gravita em torno desse documento.

Cabe destacar que Jane apresentou narrativas ilustrativas desse processo:

> **Jane**: Hoje mesmo estava conversando com o meu filho, e perguntei o que ele gostaria de comer. Ele respondeu: "arroz, peixe, salada e feijão". Eu falei: "infelizmente eu tenho tudo aqui. E suco?". Ele respondeu: "eu quero suco de laranja!". E eu disse-lhe: "eu tenho uma garrafa fechada de suco de laranja, que eu acabei de comprar". O meu coração ficou partido, porque eu tenho tudo em casa. Hoje eu fui ao mercado e gastei quase R$ 700 em compras, e meus filhos não têm o que comer. E eu preciso preparar os alimentos que eles gostam. Mas é difícil. As crianças ficam muito tristes. Eu falo com os meus irmãos, a minha avó, mas a minha preocupação mesmo são os meus filhos.

> **Jane**: Eu já paguei 11 mil reais para trazer as minhas filhas ao Brasil, mas não deu certo. E olha que não é fácil uma migrante sozinha levantar esse dinheiro. Devolveram-me R$ 8.500, afirmando que o restante foi destinado ao pagamento de despesas com advogado.

Em outro momento da entrevista, Jane relatou ter pagado cerca de US$ 350 para uma pessoa buscar os passaportes dos seus filhos na embaixada. Além disso, US$ 60 por filho para a emissão de visto. Contudo a pessoa informou ter ido à embaixada e não havia nenhuma informação dos filhos dela. A entrevistada disse ter perdido todo o dinheiro que investiu na vinda dos filhos ao Brasil.

Machado também comentou sobre o prejuízo financeiro que teve ao custear a travessia de um filho:

> **Machado:** Eu paguei US$ 1.000 para um policial haitiano trazer meu filho para o Brasil. O policial pegou o meu dinheiro e não fez mais contato. Não atendeu mais as minhas ligações. Foram R$ 7.000! Agora eu não tenho mais dinheiro para trazer meu filho para cá. Porque se eu trabalho e recebo R$ 1.300 e a minha esposa R$ 1.100, e eu envio US$ 200 por mês para o Haiti, eu não tenho dinheiro para trazer meu filho. Até consigo empréstimo com amigos, mas preciso devolver esse dinheiro. Há muitos haitianos que vivem no Brasil e passam pelo mesmo sofrimento que o meu.

Na mesma direção, vários relatos apresentaram a enorme dificuldade em custear o deslocamento de familiares, cujos valores são extremamente elevados. Nas palavras de Beatriz:

> **Beatriz:** Quando eu me mudei para o Brasil, meu marido arcou com R$ 8.000. Por dois anos e meio aguardamos a vinda dos nossos filhos. Então, meu esposo contratou um empréstimo em um banco de R$ 12.000. E nós economizamos mais R$ 12.000,00. Com esse montante, conseguimos trazer nossos três filhos. Mas não foi fácil para nós.

A respeito da emissão do visto, uma entrevistada e um entrevistado expuseram que precisaram ingressar com ação judicial para a determinação judicial para tal fim, contudo apenas uma revelou que os custos com honorários advocatícios e de tradução dos documentos eram elevados. Segundo Jane:

> **Jane:** Ingressei com uma ação judicial na Justiça Federal para a viabilização da vinda da minha filha mais nova ao Brasil. Já paguei R$ 1.500 para o advogado, que informou que em breve haverá um encontro com um juiz em Brasília (DF). Esse processo está há um ano com vistas para a DPU. Também tenho custos com a tradução dos documentos do Haiti. Eu não quero nem imaginar o custo que eu já tive para trazer minhas filhas para o Brasil. O importante é que elas estejam comigo.

Francis também abordou em entrevista sobre a ação judicial que precisou ingressar para trazer o filho, a qual ele denominou de reagrupamento familiar:

> **Francis**: O principal problema para trazer o nosso filho é o visto. Como no Haiti é muito difícil conseguir esse visto, entramos com ação judicial. A segunda maior dificuldade é econômica. Agora não tenho mais dinheiro para as passagens aéreas. Mas se for preciso, farei um empréstimo no banco.

Quanto aos custos com a emissão do visto, e a corrupção em torno disso, Marielle expôs a realidade dela:

> **Marielle**: Sobre o visto para autorizar a vinda da minha filha ao Brasil, existe muita corrupção. Agora está muito difícil conseguir o visto. E para providenciar o deslocamento dela, o nosso maior problema é a questão financeira. Porque ela já tem o passaporte.

Tiago relatou sobre a dificuldade de manter-se no Haiti, dizendo que apesar de amar o seu país, viver lá tornou-se insustentável por conta da criminalidade. Segundo o entrevistado, o Haiti está abandonado aos bandidos.

Assim como os(as) demais, o entrevistado informou que um dos maiores problemas para sair do Haiti rumo ao Brasil diz respeito ao custeio do visto. Comentou que para obter quatro vistos o valor seria em torno de R$ 1.800, adicionado ainda aos custos com atravessadores que promovem desde o agendamento da solicitação do visto até a retirada do documento. Para o agendamento com o intuito de requerer quatro vistos, o montante informado por Tiago é de R$ 4.000. Ele disse que no Haiti, muitas pessoas não sabem manusear o computador, somente o celular. "Então é muito difícil para agendar, para iniciar o processo do visto. Eu preferiria que o processo de autorização do visto fosse feito no Brasil, na Polícia Federal".

Outra dificuldade apontada por Tiago refere-se ao custeio da viagem em si:

> **Tiago**: Tenho muita dificuldade de economizar do meu salário para comprar as passagens aéreas, porque divido despesas com alimentação, aluguel, água, luz, e o restante envio para a minha família. Então quando chegar o momento, penso em pedir dinheiro emprestado para amigos e fazer um acordo no trabalho.

Ângela pontuou que em pouco tempo o prazo para conseguir o visto foi se acentuando. Comentou que certo dia saiu de casa às 4h da madrugada para agendamento. "Passadas doze horas, um rapaz falou para mim 'tem que pagar para entrar na embaixada'. Como eu não tinha dinheiro não consegui entrar na embaixada".

Quadro 8 – Perfil dos(a)(s) filhos(a)(s) e processos de reunificação familiar

Entrevistada	Número de filhos (as)	Gênero dos (as) filhos (as)	Idade dos (as) filhos (as)	Nacionalidade dos (as) filhos (as)	Com quem estão no Haiti ou no Brasil	Ano da Chegada ao Brasil	Etapa da reunificação
Marielle	2	Menina	5 anos	Haitiana	Está no Haiti com madrinha		Reunificação familiar em andamento
		Menino	10 meses	Brasileiro	Com os pais no Brasil desde o nascimento		

Entrevistada	Número de filhos (as)	Gênero dos (as) filhos (as)	Idade dos (as) filhos (as)	Nacionalidade dos (as) filhos (as)	Com quem estão no Haiti ou no Brasil	Ano da Chegada ao Brasil	Etapa da reunificação
Dandara	4	Menino	16 anos	Haitiana	Permaneceu no Haiti com avó/tia até a chegada ao Brasil	2016	Reunificação familiar concluída
		Menino	11 anos	Haitiana	Permaneceu no Haiti com avó/tia até a chegada ao Brasil	2016	
		Menina	6 anos	Haitiana	Acompanhou os pais na viagem ao Brasil		
		Menino	4 anos	Brasileiro	Com os pais no Brasil desde o nascimento		
Conceição	3	Menina	15 anos	Haitiana	No Haiti com avós maternos		Reunificação familiar em andamento
		Menina	13 anos	Haitiana	No Haiti com avós maternos		
		Menino	6 anos	Haitiana	No Haiti com avós maternos		

Entre-vista-da	Núme-ro de filhos (as)	Gênero dos (as) filhos (as)	Idade dos (as) filhos (as)	Nacio-nalida-de dos (as) filhos (as)	Com quem estão no Haiti ou no Brasil	Ano da Chega-da ao Brasil	Etapa da reunifi-cação
Ângela	3 filhas(o) 1 enteado	Menino (ente-ado)	17 anos	Haitiana	No Haiti		Reuni-ficação fami-liar em anda-mento
		Menina	15 anos	Haitiana	No Brasil com os pais	2017	
		Menina	11 anos	Haitiana	No Brasil com os pais	2017	
		Menina	1 ano e 4 meses	Brasileira	No Brasil com os pais		
Anto-nieta	4 filho(a)(s) * 3 do relacio-namento anterior e 1 com o atual cônjuge	Mas-culino (filho Lynda)	26 anos	Haitiana	No Haiti		Reuni-ficação fami-liar em anda-mento
		Mas-culino (filho Lynda)	24 anos	Haitiana	No Haiti		
		Mas-culino (filho Lynda)	17 anos	Haitiana	No Haiti com a irmã de Antonieta		
		Mas-culino (filho do casal)	11 anos	Haitiana	No Haiti com a irmã de Antonieta		

Entrevistada	Número de filhos (as)	Gênero dos (as) filhos (as)	Idade dos (as) filhos (as)	Nacionalidade dos (as) filhos (as)	Com quem estão no Haiti ou no Brasil	Ano da Chegada ao Brasil	Etapa da reunificação
Tereza	1	Menina	11 meses	Brasileira	Com os pais desde o nascimento		Reunificação familiar concluída
Tiago	3	Menina	14 anos	Haitiana	No Haiti com a mãe, Carla		Reunificação familiar em estágio inicial
		Menino	12 anos	Haitiana	No Haiti com a mãe, Carla		
		Menino	11 anos	Haitiana	No Haiti com a mãe, Carla		
Leila	3	Menina	18 anos	Haitiana	No Haiti com familiares		Reunificação familiar em estágio inicial
		Menina	15 anos	Haitiana	No Haiti com familiares		
		Menina	Não informado	Haitiana	No Haiti com familiares		

Entre-vista-da	Núme-ro de filhos (as)	Gênero dos (as) filhos (as)	Idade dos (as) filhos (as)	Nacio-nalida-de dos (as) filhos (as)	Com quem estão no Haiti ou no Brasil	Ano da Chega-da ao Brasil	Etapa da reunifi-cação
Sueli	3	Menina	26 anos	Haitiana	Mora na França		Reuni-ficação fami-liar em estágio inicial
		Menina	22 anos	Haitiana	Mora no Haiti com irmã de 5 anos		
		Menina	5 anos	Haitiana	Mora no Haiti com irmã de 22 anos		
Jane	2	Menino	14 anos	Haitiana	Mora no Haiti com avó de 80 anos		Reuni-ficação fami-liar em estágio inicial
		Menina	11 anos	Haitiana	Está na República Domini-cana com irmão e cunhada de Jane		

Entrevistada	Número de filhos (as)	Gênero dos (as) filhos (as)	Idade dos (as) filhos (as)	Nacionalidade dos (as) filhos (as)	Com quem estão no Haiti ou no Brasil	Ano da Chegada ao Brasil	Etapa da reunificação
Beatriz	5	Menino	22 anos	Haitiana	República Dominicana		Reunificação familiar concluída
		Menino	20 anos	Haitiana	República Dominicana		
		Menino	18 anos	Dominicano		2018	
		Menino	16 anos	Dominicano		2018	
		Menina	14 anos	Dominicana		2018	
Ivanor	1 enteada	Menina	08 anos	Haitiana	No Haiti com a mãe, Isabel		Reunificação familiar em estágio inicial
Catarina	3 filho(a)(s)	Menino	21 anos	Haitiana	No Brasil com a mãe	2018	Reunificação familiar em andamento
		Menina	17 anos	Haitiana	No Haiti, com o pai		
		Menina	15 anos	Haitiana	No Haiti, com o pai		

Fonte: elaborado pela autora

Da análise do quadro podemos depreender que das 13 famílias entrevistadas, até o encerramento da coleta de dados, 22 filhos(as) estão no Haiti aguardando a reunificação familiar, sendo seis crianças de 5 a 11 anos de idade; 11 adolescentes de 12 a 17 anos de idade e quatro jovens de 18 a 26 anos de idade[43]. Somam-se duas(dois) esposas/companheiras e um marido/companheiro.

    Aliado a isso, apenas três famílias conseguiram finalizar a reunificação familiar, sendo a primeira delas no ano de 2016 e a última no ano de 2018. Cinco famílias estão com o processo de reunificação familiar em andamento — em que pelo menos o casal está no Brasil — e cinco famílias estão em estágio inicial de reunificação familiar, em que aportou no Brasil tão somente um membro da família.

---

[43] Uma das entrevistadas não revelou a idade de um(a) dos(as) filhos(as).

CAPÍTULO 4

MATERNIDADE POLÍTICA E AS POSSÍVEIS RESPOSTAS À QUESTÃO DE PESQUISA

4.1 MATERNIDADES POLÍTICAS COMO CATEGORIA MEDIADORA DA MATRIPOTÊNCIA E DA EXPERIÊNCIA DAS IMIGRANTES HAITIANAS

A maternagem[44] constitui-se em um papel vital nas culturas afrodiaspóricas, tornando-se um importante fundamento nas filosofias afrodescendentes. Segundo Collins (2019), nas comunidades da diáspora negra, as crianças são cuidadas a partir do laço entre a mãe biológica e a mãe de criação, inscritas em redes comunitárias. Há ainda outras experiências de maternagem, como as idosas que cuidam das crianças enquanto as mães biológicas trabalham, assim como as adoções informais, atribuindo uma importância social à maternidade.

A autora afirma que a centralidade da maternagem e das mulheres nas famílias extensas afro-americanas expressa tanto a continuidade da sensibilidade cultural de origem africana quanto a adaptação às opressões interseccionais de raça, gênero, classe e nação. Ainda que os homens possam estar presentes nas famílias negras afro-americanas, a unidade de parentesco costuma girar em torno das mulheres.

Apesar de o Haiti não ser considerado um país africano, mas sim caribenho, a maternagem também é central na rede de papéis e relações sociais que moldam a sociabilidade haitiana, mobilizando afetos, esforços de avós, irmãs, tias e primas que atuam como mães de criação, responsabilizando-se pelos cuidados de filhos(as) de outras mulheres, enquanto estas trabalham, muitas vezes em outros países para enviar remessas para a sobrevivência daquelas. Essa rede de cuidados extrapola

---

[44] Abade e Romanelli (2017) assinalam que os cuidados com os filhos, traduzidos na provisão de suas necessidades materiais e afetivas, vêm sendo realizados prioritariamente pela mãe, o que configura a maternagem. Certamente, o pai também pode se dedicar à paternagem, isto é, a suprir as necessidades físicas e emocionais dos filhos, o que inclui cuidados com alimentação, higiene, saúde, amparo e doação de afeto.

as relações sanguíneas, incorporando "parentes de consideração", que fazem parte da comunidade onde mãe biológica e criança(s) pertencem (Collins, 2019).

Consideramos pertinente neste estudo compreender as raízes dessa maternagem que, de tamanha potência, atravessa fronteiras geográficas para ser exercida de forma a garantir o provimento afetivo e socioeconômico das crianças e adolescentes. Paralelo a isso, dessa maternagem que devido a sua vitalidade, acaba por assumir um status político que pode, inclusive, garantir o acesso dessas mães e seu(s)/sua(s) filhos(as) a determinados bens e serviços sociais. É nessa toada que emerge como recurso explicativo o conceito de matripotência.

Oyèronké Oyewùmí (2004, 2016, 2021) aprofundou-se na importância do princípio matripotente e da figura das Iyás para a cultura Iorubá pré-colonial, partindo da epistemologia africana Iorubá para a compreensão dessa sistemática. Segundo a autora, a epistemologia africana Iorubá sustenta-se em outros marcadores da diferença social, a despeito da concepção ocidental de gênero. Muito embora esse recurso explicativo parta da pré-colonialidade, existem elementos que podem ser encontrados na dinâmica das relações familiares e sociais das haitianas.

No artigo "Conceituando o gênero: os fundamentos eurocêntricos dos conceitos feministas e o desafio das epistemologias africanas", Oyewùmí (2004) interroga o gênero e conceitos relacionados com base em experiência e epistemologias africanas. Adotando como foco a família nuclear burguesa, que é uma instituição social tipicamente europeia, esta acaba por ser utilizada de forma universal na pesquisa de gênero. Em consequência disso, as experiências africanas, que são amparadas em outra matriz de organização familiar, ficam à margem dos estudos de gênero.

Isso posto, a autora expõe que a família tradicional Iorubá organiza-se sob outras formas de sociabilidade. Por conseguinte, é preciso despir-se dos conceitos ocidentais para analisar em profundidade como são regidas as relações familiares Iorubás, e por consequência, seu *ethos* fundador calcado na relação entre Iyá e sua prole. Destacou, assim, o entendimento de família a partir da linhagem, em detrimento do modelo nuclear ocidental, e o fato de em várias culturas africanas imperar a matrilinearidade (Oyewùmí, 2016).

Essa prática evidencia o caráter coletivo da criação de filhos, conforme Oyewùmí (2004), ressalta ainda que os arranjos de vida em grandes habitações, oferecem uma multiplicidade de mães e pais, ou seja, a criação das crianças não é uma experiência individualizada que recai apenas sobre as mães. As crianças são frequentemente supervisionadas por crianças mais velhas ou pessoas idosas (de todos os tipos) que participam do cuidado (Oyewùmí, 2016, p. 80).

No caso das famílias haitianas, provavelmente devido às interferências coloniais principalmente da França e dos Estados Unidos da América, acabaram por nuclearizar os agrupamentos familiares haitianos. É importante assinalar que no Haiti, as influências coloniais acabaram por impor uma constituição de gênero marcada pela desigualdade de poder e divisão sexual tradicional de gênero, ou seja, os homens não costumam exercer tarefas domésticas e o cuidado com os filhos. A despeito disso, a pesquisa evidenciou que as mães haitianas que se fixaram em Santa Catarina, também deixaram a prole aos cuidados da avó materna, da tia, da madrinha, da irmã e, mais raro, com o irmão ou pai.

Diante da complexidade e magnitude do conceito de matripôtencia apresentado por Oyewùmi, trazendo uma realidade mais específica do continente africano, evocamos a "maternidade política" como um conceito mediador entre o *ethos* matripotente e a realidade das migrantes haitianas instaladas em Santa Catarina para retomar a convivência familiar que permaneceu no Haiti.

Maria Natália Ramos (2014) assevera que a feminilidade proporciona às mulheres recursos políticos, dentre eles a maternidade, e que esta tem sido mobilizada politicamente. Conforme a autora, mães são agentes políticas e portadoras de reivindicações ao Estado. A maternidade concede às mulheres a habilidade de mediação entre os filhos e o Estado. Assinala que, especialmente as mais vulnerabilizadas, têm maior interação com serviços públicos, repercutindo em posições mais favoráveis à provisão de políticas públicas do que os homens. Vale observar que, quando falamos de mães haitianas, estamos tratando de três termos que surgem muitas vezes sem distinção: desigualdade, exclusão e vulnerabilidade (Godinho; Silveira, 2004).

Desigualdade de oportunidades, de renda, de acesso à informação, de direitos entre outros; exclusão da cidadania plena, das políticas de proteção e assistência, discriminação racial, entre outras; vulnerabilidade — as mulheres imigrantes haitianas são mais vulneráveis à situação de pobreza, estão excluídas de determinados processos sociais no marco de uma profunda desigualdade existente na nossa sociedade, e ainda possuem a responsabilidade de enviar "remessas" para as pessoas que estão cuidando de seus filhos no Haiti. Nesse percurso, o papel do Estado tem deixado a desejar no que diz respeito à proteção à maternidade, pois ao invés de ajudá-las, passa a controlá-las.

Uma das formas pelas quais o Estado exerce o controle sobre a maternidade e sobre as famílias, segundo Klein, Meyer e Borges (2013), inclui a delimitação de uma suposta essência — em geral caracterizada como biológica e/ou psicológica na área da saúde — masculina ou feminina. Tendo em vista que o papel atribuído historicamente às mulheres é a maternagem, e que o espaço doméstico é considerado como "natural" das mulheres, ocorre um movimento que trata de investir na diminuição dos problemas sociais por meio da tutela das famílias.

> Opera-se com o pressuposto de que, com base em um conjunto de conhecimentos oferecidos e divulgados no âmbito de programas e políticas sociais de educação e(m) saúde, por exemplo, cabe ao indivíduo assumir um projeto educativo, torná-lo seu e, concomitantemente, responsabilizar-se cada vez mais pelo próprio bem-estar e o de sua família. É nesse contexto que se referir a um processo de politização da maternidade significa aludir a uma esfera política na qual os comportamentos, cuidados e sentimentos que constituem a maternidade estão no centro de um processo educativo, de vigilância e monitoramento (Klein; Meyer; Borges, 2013, p. 911).

Em se tratando de mães (haitianas) trabalhadoras, é importante considerar que as políticas públicas de trabalho/emprego e de creches no Brasil, possuem relação com a trama das desigualdades e diversidade, levando em consideração não somente a questão da pobreza e a desigual distribuição de renda da população, mas também outros contextos sociais que versam sobre a igualdade de gênero e discriminação racial.

A maioria das mulheres haitianas que migraram para o Brasil deixou seus filhos no Haiti e veio em busca de melhores condições de vida. Elas têm consciência que necessitam de apoio do Estado, para poder trazê-los para cá e criá-los, para não acontecer o que aponta Ramos (2014): sobre as crianças recai grande carga emocional, pois implica estar por longos períodos longe dos pais, principalmente, da mãe. Deixar os filhos aos cuidados de familiares por longo espaço de tempo provoca marcas psicológicas em mães e crianças, situação que gera os "órfãos das migrações".

Ao debruçar-se sob o tema do gênero e da maternidade política[45] em literaturas africanas, Oliveira (2020, p. 129-30) explica:

> Por maternidade política, identificadas nas expressões literárias de Chimamanda Adichie e Paulina Chiziane [...] temos uma categoria que tangencia o feminino, abrangendo espaços políticos, psicológicos, culturais e sociais, sendo um ponto central de luta, questionamento, reconhecimento e desejo, alicerçada pelas assimetrias das relações de gênero [...]. Observamos como essa categoria analítica permanece como um lugar de tensionar a noção de feminilidade, desarticulando a apropriação da vivência da maternidade para a realidade possível em cada corpo e experiência do feminino [...] conseguindo reposicionar o lugar materno como algo que desenvolve uma força de luta.

Podemos inferir, com base em Oliveira (2020), que a maternidade política diz respeito à condição do feminino tangenciada por essa categoria que é intrínseca à configuração do sujeito político em apreço. Nesses termos, as mulheres migrantes haitianas expõem suas vivências em contextos extremos, mas têm a capacidade de apropriação e resistência do feminino em face da maternidade política, que se constitui como uma força de impulsionamento que as fortalece, problematizando condições de tensão no embate cultural e nas relações de gênero. O entrecruzamento entre gênero, classe e raça/etnia na construção das relações de desigualdade embasa a compreensão de que as políticas de gênero devem, necessariamente, trabalhar na tensão entre políticas gerais e específicas, entre elas as políticas de apoio às mulheres migrantes.

Esse cenário configura uma inserção política das mulheres latino-americanas que compartilham uma identidade comum relacionada à maternidade, dotada de uma dimensão política, haja vista que as mulheres a usam para manifestar demandas ao Estado (Craske, 1999). Constatamos nas entrevistas realizadas com mulheres migrantes haitianas, que muitas delas sacrificam seus projetos individuais, em prol de atender às necessidades do grupo familiar, no caso em tela, a reunificação familiar.

---

[45] Enfatizamos que a discussão em torno da maternidade política não pode ser desvinculada da concepção política de crianças e adolescentes enquanto sujeitos de direitos.

4.2 RESPONDENDO À QUESTÃO DE PESQUISA: MATERNIDADE POLÍTICA COMO EXPRESSÃO DA FORÇA DAS MIGRANTES HAITIANAS PARA A REUNIFICAÇÃO FAMILIAR

A pesquisa realizada para esta obra tem respondido as muitas questões colocadas neste estudo acerca do fenômeno da reunificação familiar de famílias haitianas. Tem sido possível observar como se dá a transnacionalização dos vínculos familiares das haitianas entrevistadas, sendo que das 13 entrevistas promovidas, em sete situações, os maridos/companheiros iniciaram o fluxo migracional ao Brasil, e em apenas quatro casos, as migrantes haitianas deram início à transnacionalização familiar para esse país[46], corroborando o exposto por Piovezana e colaboradores (2015) em seu estudo sobre essa problemática.

As principais dificuldades enfrentadas pelas imigrantes haitianas para reunir a família no Brasil, no âmbito das entrevistas realizadas, estão relacionadas à dificuldade de concessão de visto por parte da embaixada haitiana aos(às) familiares que estão naquele país e de ordem financeira. Sobre esta última, sobreveio na pesquisa que, embora a maioria das haitianas esteja inserida no mercado formal de trabalho (oito entrevistadas), a remuneração auferida mensalmente é muito baixa para enviar remessas ao Haiti e, ao mesmo tempo, economizar dinheiro para as despesas da reunificação familiar.

O conjunto das informações e conhecimentos coletados nesta pesquisa trouxe à tona a árdua realidade experenciada pelas migrantes haitianas que aportaram em Santa Catarina a fim de recomeçar uma nova vida em outro país que lhes ofereça mais qualidade de vida e a fuga das privações e violações que fazem parte da realidade haitiana.

As entrevistadas, ao deixarem uma vida marcada pela miséria, risco de violências de toda a sorte e desastres ambientais, precisaram momentaneamente deixar os(as) filhos(as) no país de origem, principalmente por falta de condições financeiras de trazê-los(as) consigo ao Brasil, e para trabalhar e reunir o montante necessário para trazer os demais familiares. É o que podemos observar nos relatos de Dandara:

---

[46] Em duas entrevistas, as migrantes haitianas não responderam a essa questão.

> **Dandara:** Eu cheguei no Brasil em 6 de julho de 2014, e fiquei dois anos e três meses afastada dos meus filhos. A situação agravou-se quando, em 14 de agosto de 2016, minha mãe faleceu, pois era ela quem cuidava dos meus filhos. A partir daí, eles começaram a sofrer, enviavam mensagens, cobravam-me. Na época, eu não podia buscá-los, porque meu marido havia perdido o emprego e somente eu estava trabalhando. Sofremos muito. Orava a Deus para nos ajudar. Meu marido e eu não comíamos bem, não dormíamos bem.

Se por um lado a dureza das condições socioeconômicas, políticas e ambientais repercutiram no afastamento individual entre as migrantes entrevistadas e a prole, a força política dessas mulheres contribuiu para atenuar o longo tempo de espera pela chegada das crianças e/ou adolescentes. Podemos dizer que essa força política faz uma conexão com a matripotência e a maternidade política dessas mulheres. A narrativa de Dandara, em prosseguimento à entrevista, é ilustrativa disso:

> **Dandara:** Eu estava trabalhando na limpeza do shopping. Havia perdido bastante peso. Certo dia conversei com um dos meus filhos, que falou sentir-se rejeitado por mim, porque eu havia trazido para o Brasil somente a filha menina, e deixado ele e o irmão para morrerem de fome no Haiti. Naquele dia não consegui me alimentar. Algum tempo depois, eu estava em meu trabalho e duas brasileiras abordaram-me, com o interesse de me perguntar o porquê eu estava sempre triste. Relatei para ambas a minha situação, e elas disseram que iriam me ajudar. Passaram-se alguns dias, e fui entrevistada por um canal de TV local para apresentar a minha história e pedir ajuda. Além disso, as duas brasileiras iniciaram em agosto de 2016 uma rifa no shopping. Em outubro do mesmo ano, após apenas dois meses, eu pude ir até Manaus buscar os meus filhos. Logo que nos avistamos, eles vieram, em desespero, abraçar-me. Todas as despesas da viagem foram cobertas pelas doações.

De acordo com Dandara, há várias migrantes haitianas grávidas ou com bebê de colo que tentam atravessar a fronteira do Brasil, mas não são autorizadas a seguir a viagem adiante por receio de que não consigam um trabalho ou fiquem em situação de vulnerabilidade. Dandara revelou ter conseguido entrar no Brasil porque fala espanhol, o que facilitou se comunicar e informar que o marido já estava trabalhando em Chapecó (SC), e fornecer seus dados, de modo que fossem confirmados pelas autoridades migratórias. Foi dessa forma que Dandara conseguiu prosseguir na travessia rumo a Chapecó.

> **Dandara**: Observei que na travessia mulheres grávidas ou com filhos pequenos recebem mais ajuda para dar continuidade à viagem. Por exemplo, quando atravessei a fronteira com o Peru, o táxi conduziu-me por primeiro. Todos os lugares que eu tinha mais dificuldade de passar, as pessoas me ajudavam. Quando precisei cruzar um rio bem grande no Peru, um homem segurou minha bebê para não cair na água, e conseguimos atravessar o rio juntos.

Antonieta apresentou uma outra faceta relacionada à maternidade política e ao sentido de matripotência, que diz respeito ao ingresso de uma ação judicial para a autorização judicial para trazer a prole ao Brasil. Segundo a entrevistada:

> **Antonieta**: Nós queremos trazer os nossos filhos ao Brasil, então estamos com um processo de reagrupamento familiar, acompanhado por advogado. Mas o juiz não expediu ainda a sentença. O advogado diz que é para aguardarmos. Nós não temos o dinheiro das passagens aéreas, mas quando chegar a hora, vamos fazer um empréstimo em banco e pagar aos pouquinhos.

Com relação a Sueli, o sentido de matripotência está vinculado ao local de trabalho. Consistindo em entidade religiosa, sensibilizou-se com a situação de distanciamento e angústia da haitiana em relação às filhas, comprometendo-se em custear as despesas de viagem de Sueli com a finalidade de reunificação familiar. Todavia, mesmo com esse incentivo do local de trabalho, a concessão do visto das filhas para o Brasil impede a reunião da família:

> **Sueli**: Eu estou há um ano no Brasil, e Padre João, com quem eu trabalho, assegurou-me que a Igreja irá me ajudar a comprar as passagens aéreas para trazer as minhas filhas. Mas estou aflita porque o visto das minhas filhas não é concedido. Os problemas são na embaixada. E, para piorar, soube na semana passada, que minha filha mais nova estava doente. Penso em voltar ao Haiti, porque não posso deixá-las sozinhas. Mas eu amo o Brasil. É aqui que quero trazer a minha família para morar comigo. (Livre tradução).

Para as entrevistadas Catarina, Marielle e Jane, o sentido de matripotência e de maternidade política relaciona-se com a força dessas mulheres para trabalhar, de modo a custear as despesas da prole para se fixarem no Brasil. A narrativa de Catarina é expressiva desse entendimento:

> **Catarina**: Se você passar o dia sem trabalhar, você ficará sem dinheiro. E seus filhos passarão por necessidades. Eu faço todos os tipos de trabalho para isso não acontecer. Trabalho na escola, no comércio, na jardinagem... (Livre tradução).

Marielle, por sua vez, relatou a força adquirida para enfrentar as vicissitudes de permanecer um ano sem trabalho. Assim como as demais haitianas, Marielle tem ciência de que o fator financeiro é um dos principais contribuintes para trazer os(as) filhos(as) ao Brasil.

> **Marielle**: Eu passei um ano sem CPF e sem autorização de residência, porque não tinha dinheiro para ir à Polícia Federal. Passei um ano sem trabalhar. Cheguei a dormir na rua nesse período. Encontrei na internet um amigo de escola do Haiti, que estava residindo em Balneário Camboriú (SC). Ele se dispôs a me ajudar a fazer meus documentos.

Jane, finalmente, narrou o seguinte:

> **Jane:** No Brasil, eu realizo várias atividades de trabalho: eu trabalho em dois hotéis na praia; eu trabalho como diarista particular de alguns clientes dos hotéis; e na limpeza de quartos de locação temporária pelo Airbnb[47]. Mas meu sonho mesmo é ser empreendedora, trabalhar para mim mesma. Ou até, se possível, contratar alguém para trabalhar comigo.

[...]

> **Jane:** Eu já fiz várias tentativas de trazer minhas filhas para o Brasil, mas não deram certo. Essa é a última tentativa. Eu dei o prazo até dezembro desse ano para resolver a situação. Senão voltarei para a República Dominicana. Mas se fosse autorizada a vinda das minhas filhas ao Brasil, eu faria de tudo para custear a viagem. Faria um acordo no meu trabalho, pediria um empréstimo, usaria cartão de crédito, me mataria trabalhando... Eu prefiro ficar devendo dinheiro, mas minhas filhas estarem comigo. Não faltará comida para nós. E eu estarei mais tranquila porque elas não estarão mais em perigo.

Das narrativas individuais das haitianas entrevistadas, depreendemos como elementos que traduzem a matripotência e a maternidade política dessas mulheres aspectos ligados ao trabalho, à questão financeira e ao próprio fato de ser uma mãe obstinada em busca da reunificação da família e que leva consigo a filha mais nova. É principalmente dessa forma que as haitianas entrevistadas utilizam da maternidade para acessar políticas que contribuam para a reunificação familiar.

Entretanto é importante ponderar que se no Brasil existe uma política pública para reunir famílias transnacionais, essa política é, na maior parte das situações, operacionalizada por meio de organizações privadas sem fins lucrativos. Ou seja, não existe ainda um sistema que dê conta de viabilizar a política de reunificação familiar brasileira, diferentemente da França, que dispõe atualmente de serviços públicos para cumprir essa finalidade. Aliado a isso, não existe um subsídio financeiro para contribuir nas despesas ligadas à reunificação familiar, cujos custos recaem em sua totalidade nas(nos) haitianas(os).

---

[47] Partindo do conceito de *bread and breakfast* (cama e café da manhã), Airbnb consiste num serviço on-line para as pessoas anunciarem, localizarem e reservarem meios de hospedagem. (Homepage do Airbnb, [2023]. Disponível em: https://www.airbnb.com.br/. Acesso em: 3 mar. 2024).

Pelo estudo empreendido, foi possível observarmos que a política brasileira de reunificação familiar apresenta um conceito ampliado de família, dando guarida para a reunião não apenas de pais e filhos(as), mas também irmãos(ãs) e avós. Cremos que o entendimento da maternidade haitiana para as políticas de reunificação familiar brasileira desponta com a Portaria Interministerial firmada pelo Ministério da Justiça e Segurança Pública e Ministério das Relações Exteriores nº 38 de 2023, que versa sobre a concessão de autorização de residência prévia e a respectiva concessão de visto temporário para fins de reunião familiar para nacionais haitianos e apátridas, com vínculos familiares no Brasil.

É nessa portaria interministerial que sobrevém a priorização do Estado brasileiro para regularizar a migração dos entes familiares figurados pelas mães, pais, filhos, irmãos e avós, da qual podemos supor o status de cidadania adquirido pelas mães haitianas para o Estado brasileiro.

Embora as histórias individuais das migrantes haitianas entrevistadas para este trabalho revelem a luta incansável para reunificação familiar, muitas vezes sem sucesso individualmente, é o somatório dessas histórias unidas a muitas outras que coletivamente sensibilizou o Estado brasileiro a conceder a atenção específica à reunião de familiares haitianos, dentre eles as mães.

CONCLUSÃO

A longa jornada atravessada nesta obra a fim de responder como as migrantes haitianas radicadas no estado de Santa Catarina utilizam da maternidade para acessar políticas públicas de reunificação familiar, possibilitou-nos conhecer brevemente, no primeiro capítulo, o contexto histórico do Haiti nas suas vertentes política, econômica e social, assim como o perfil das(os) migrantes haitianas(os) entrevistadas(os) e os processos de dependência de remessas na diáspora para o estado catarinense.

No segundo capítulo, em linhas gerais, recorremos aos fundamentos epistemológicos e teórico-metodológicos para analisar o objeto de pesquisa, com o destaque para as epistemologias feministas, negras, a interseccionalidade e a matripotência. No terceiro capítulo, por sua vez, reconstruímos as políticas de reunificação familiar francesa e a brasileira, as quais as migrantes haitianas recorrem para reunir suas famílias. E no quarto capítulo, lançamos mão da categoria maternidade política, conjugada às demais categorias analisadas ao longo da obra com a finalidade de extrair possíveis respostas para as nossas questões de pesquisa.

Na pesquisa ora em exposição, sobreveio o giro interseccional entre os marcadores de classe, gênero, raça e nacionalidade que colocam as migrantes haitianas nas piores posições do tecido social. Classe porque ocupam as piores colocações no mercado de trabalho e recebem menores salários, inclusive em comparação com os maridos/companheiros haitianos que estão empregados em Santa Catarina. Raça porque são mulheres negras, cujas características raciais não podem ser escamoteadas ao conjunto da população. Soma-se a isso a nacionalidade, porque são mulheres provenientes do Haiti, país que sofre preconceito frente ao histórico de miserabilidade e de caos econômico, político e ambiental. Por outro lado, veio à tona a participação dos homens no processo de reunificação familiar, que igualmente fazem uso de sua força política para reintegrar a família, trazendo, principalmente as esposas/companheiras, filhos(as) e enteados(as) para o Brasil.

Enquanto principais resultados alcançados na pesquisa, foi possível identificar que das 13 famílias entrevistadas, tão somente três conseguiram finalizar o processo de reunificação familiar. As outras 10 famílias encontram-se em processo de reunificação familiar, destacando-se que cinco delas estão em estágio inicial, quando apenas um(a) integrante familiar está em território brasileiro. Nesse contexto, são 22 filhos(as) que aguardam a chegada ao Brasil, sendo seis crianças, 11 adolescentes e quatro jovens. Somam-se a isso duas esposas/companheiras e um marido que aguardam a travessia. As duas famílias que conseguiram reintegrar-se novamente no Brasil levaram em média três a quatro anos, mas há famílias em processo que não veem os filhos há cerca de cinco anos.

Para além dos números, as narrativas que emergiram da pesquisa foram contundentes quanto à força política dessas(es) migrantes para, por meio da maternidade política, mobilizar o Estado brasileiro a investir na reunificação familiar como um mecanismo civilizatório para contribuir com que essas famílias possam escapar de uma das piores crises humanitárias do planeta. Nesse tocante, a obra foi permeada por narrativas do cotidiano de tragédias que levam a população haitiana a migrar para outros países e reunir suas famílias em nações onde estejam a salvo de sequestros, fome, desnutrição, roubos, estupros coletivos, abusos sexuais, cólera, dentre outros.

Por consequência, foi a força política das(os) migrantes haitianas(os) entrevistadas(os), conjugadas a muitas outras histórias que culminou, no Brasil, com a promulgação da Portaria Interministerial nº 38, firmada entre o Ministério da Justiça e Segurança Pública e das Relações Exteriores, em 11 de abril de 2023. Dessa forma, em um importante gesto de acolhida humanitária, veio facilitar a regularização migratória de milhares de haitianos(as) sediados(as) nesse país, que almejam a reunificação familiar para libertar-se das atrocidades que acometem o Haiti sobretudo na última década.

Nesse panorama, o estudo científico em questão apresenta as seguintes contribuições teóricas para a área de estudo: por se tratar de pesquisa de natureza essencialmente exploratória, apresenta novas luzes para os estudos interdisciplinares nas áreas de migração e gênero, trazendo à baila o protagonismo das migrantes haitianas para transnacionalizar suas famílias e requerer perante os Estados Nacionais — por meio principalmente da maternidade política — a viabilização da reunificação familiar. Os estudos sobre o impacto da migração haitiana para o Brasil também são beneficiados por esta pesquisa, à medida que traduz o peso que a migração haitiana assume para impulsionar estudos e inovações científicas e tecnológicas para migrantes que aportam neste país. Outra área temática beneficiada por esta obra diz respeito aos estudos sobre infância e juventude, conquanto lança um olhar para a regularização migratória infantojuvenil.

Sobre as contribuições práticas para a pesquisa em comento, podemos relacioná-las à matéria de Direitos Humanos, notadamente de mulheres e de crianças e adolescentes migrantes. Podemos extrair deste estudo contribuições para novas leis, portarias, resoluções em matéria de Direito, alcançando os Poderes Legislativo, Executivo e Judiciário. Ato contínuo, esta pesquisa poderá fomentar novas políticas públicas brasileiras, traduzindo o direito a ter uma família unida e a salvo de crises humanitárias em política pública de reunificação familiar. E, finalmente, este estudo pode colaborar para a construção de modelos e de protocolos para operacionalizar a reunificação familiar enquanto um direito universal.

Quanto às limitações da pesquisa, ressaltamos, em primeiro lugar, os desafios da linguagem e da tradução, que estão diretamente ligados às possibilidades de construir vínculo de confiança com os sujeitos cognoscíveis deste estudo. Ou seja, para realizar pesquisas com a população migrante é imprescindível conhecer uma forma de se comunicar e o contexto político, econômico, cultural da nação pesquisada. Assumir uma atitude epistêmica de humildade perante os sujeitos cognoscíveis também é fundamental, no sentido de ter em mente que a pesquisa e o exercício da empatia jamais substituirão a experiência que é única e exclusivamente das(os) migrantes haitianas(os) entrevistadas(os). Nesse sentido, falamos COM e não PELAS(OS) migrantes haitianas(os), procedendo a uma tradução muito superficial da riqueza da experiência haitiana. Outro desafio diz respeito à natureza essencialmente exploratória da pesquisa, que torna incansável a investigação de referenciais teóricos sobre o tema pesquisado e coloca em relevo a importância da pesquisa empírica. Ou seja, os sujeitos cognoscíveis têm muito a nos dizer e a nos ensinar.

Por fim, a riqueza das informações e conhecimentos coletados nesta obra sugere novos caminhos para futuras pesquisas, dentre elas, a realização de investigações com famílias haitianas que obtiveram a reunificação familiar após a implantação da Portaria Interministerial nº 38 e de pesquisas que tenham como objetivo ouvir as vozes das crianças, adolescentes e jovens que se encontram no fluxo migracional em vias da reunificação familiar.

Jane: Muito obrigada a você, porque eu acho que se a nossa história chegar longe, aí vai ser melhor para nós também.

Fernanda: É, isso mesmo. É uma história que precisa ir longe. A ideia é essa, é levar essas histórias adiante.

REFERÊNCIAS

ABADE, Flavia; ROMANELLI, Geraldo. Paternidade e paternagem em famílias patrifocais. **Revista Estudos Feministas**, Florianópolis, v. 26, n. 2, 2017.

A CENTRAL DAS DIVAS. Kimberlé Crenshaw e o feminismo interseccional. 2017. Disponível em: https://acentraldasdivas.blogspot.com/2017/07/kimberle-crenshaw-e-o-feminismo.html#:~:text=Kimberl%C3%A9%20Williams%20Crenshaw%20(nascida%20em,quest%C3%B5es%20de%20ra%C3%A7a%20e%20g%C3%AAnero. Acesso em: 28 set. 2024.

ACNUR – Agência da Organização das Nações Unidas para Refugiados. **Sobre o Acnur**, [2023]. Disponível em: https://www.acnur.org/portugues/sobre-o-acnur/#. Acesso em: 3 mar. 2024.

ACNUR – Agência da Organização das Nações Unidas para Refugiados. **Novas instalações do Centro de Referência e Atendimento para Imigrantes (CRAI) são entregues em São Paulo**, 23 maio 2018. Disponível em: https://www.acnur.org/portugues/2018/05/23/novas-instalacoes-do-centro-de-referencia-e-atendimento-para-imigrantes-crai-sao-entregues-em-sao-paulo/. Acesso em: 10 mar. 2020.

ACNUR – Agência da Organização das Nações Unidas para Refugiados. **Reunião familiar e extensão dos efeitos da condição de refugiado**. Disponível em: https://help.unhcr.org/brazil/asylum-claim/reuniao-familiar-e-extensao-dos-efeitos-da-condicao-de-refugiado/. Acesso em: 8 set. 2023.

AIRBNB, [2023]. Disponível em: https://www.airbnb.com.br/. Acesso em: 3 mar. 2024

ALBERTI, Verena. **História Oral**: a experiência do CPDOC. Rio de Janeiro: Centro de Pesquisa e Documentação de História Contemporânea do Brasil, 1989.

ALVES, Schirlei. Após atender 5,4 mil imigrantes, Centro de Referência fechará as portas em Santa Catarina. **ND On-line**, 12 jun. 2019. Disponível em: https://ndmais.com.br/noticias/apos-atender-54-mil-imigrantes-centro-de-referencia-fechara-as-portas-em-santa-catarina/. Acesso em: 10 jan. 2020.

ANHORN, Carmen Teresa Gabriel. Teoria da História, Didática da História e narrativa: diálogos com Paul Ricoeur. **Revista Brasileira de História**, v. 32, n.

64, p. 187-210, 2012. Disponível em: https://www.scielo.br/pdf/rbh/v32n64/11. pdf. Acesso em: 15 ago. 2022.

ARAÚJO, Krisley Amorim de; ALMEIDA, Luciane Pinho de. Discutindo gênero e cultura: um estudo sobre mulheres haitianas em Campo Grande-MS, Brasil. **Trayectorias Humanas Trascontinentales**, n. 6, 2019. Disponível em: http://dx.doi.org/10.25965/trahs.1916. Acesso em: 5 mar. 2020.

AUDEBERT, Cédric. **La Diaspora Haïtienne**: Territoires migratoires et réseaux transnationaux. Rennes: Presses universitaires de Rennes, 2012.

AYUSO, Anna. Pobreza, desigualdad y cohesión social: más allá de los Objetivos del Milenio (Pensamiento Iberoamericano). *In*: PIPITONE, Ugo; SANAHUJA, José Antonio (coord.). **La nueva agenda de desarrollo de América Latina**. México y Madri: Agencia Española de Cooperación Internacional y Fundación Carolina, 2006. p 107-131.

BAENINGER, Rosana; PERES, Roberta. Imigração haitiana em São Paulo: perfil e ocupação. *In*: BAENINGER, R.; PERES, R.; FERNANDES, D.; SILVA, S. A. da; ASSIS, G. de O.; CASTRO, M. da C. G.; COTINGUIBA, M. P. (org.). **Imigração Haitiana no Brasil**. Jundiaí: Paco Editorial, 2016. p. 253-266.

BAERISWYL, Valerie. Haiti teme novo surto de cólera depois das 10 mil mortes de 2010. **Jornal do Comércio**, 8 out. 2022. Disponível em: https://www.jornaldocomercio.com/internacional/2022/10/867029-haiti-teme-novo-surto-de-colera-depois-das-10-mil-mortes-de-2010.html. Acesso em: 22 abr. 2024.

BALDIN, N.; MUNHOZ, E. M. B. Snowball (bola de neve): uma técnica metodológica para pesquisa em educação ambiental comunitária. *In*: ANAIS DO X CONGRESSO NACIONAL DE EDUCAÇÃO–EDUCRE/I SEMINÁRIO INTERNACIONAL DE REPRESENTAÇÕES SOCIAIS, SUBJETIVIDADE E EDUCAÇÃO–SIRSSE, 2011, Curitiba. **Anais** [...]. Curitiba: [s. n.], 2011. Disponível em: https://educere.bruc.com.br/CD2011/pdf/4398_2342.pdf. Acesso em: 10 set. 2022.

BAPTISTA, Myrian Veras. Algumas reflexões sobre o sistema de garantia de direitos. **Revista Serviço Social e Sociedade**, n. 109. São Paulo: Cortez, 2012. p. 179-199.

BARBOSA, Michelle Cristiane Lopes. Publicações feministas do CFEMEA: análise de conteúdo do Jornal Fêmea. **Revista de Estudos Feministas**, Florianópolis, v. 12, Número Especial, set./dez. 2004. Disponível em: https://periodicos.ufsc.br/index.php/ref/article/view/S0104-026X2004000300016/9511. Acesso em: 21 ago. 2022.

BARDIN, Laurence. **Análise de conteúdo**. São Paulo: Edições 70, 2011.

BARTHES, Roland. **The Semiotic Challenge**. Oxford: Basil Blackwell, 1993.

BASTOS, Liliana Cabral; BIAR, Liana de Andrade. Análise de narrativa e práticas de entendimento da vida social. **Delta**, São Paulo, v. 31, n. especial, p. 97-126, ago. 2015. Disponível em: https://www.scielo.br/j/delta/a/Y8HLKnQRjQs8Zp-dHjQY4fqH/?format=pdf&lang=pt. Acesso em: 1 out. 2022.

BELENKY, Mary Field; CLINCHY, Blythe McVicker; GOLDBERGER, Nancy Rule; TARULE, Jill Mattuck. **Women's Ways of Knowing**: the development of self, voice, and mind. New York: Basic Books, 1986.

BERNARD, H. Russell. **Research methods in anthropology**: qualitative and quantitative approaches. Lanham, MD: AltaMira Press, 2005.

BRANDÃO, Thaís Oliveira; GERMANDO, Idilva Maria Pires. Experiência, memória e sofrimento em narrativas autobiográficas de mulheres. **Psicologia & Sociedade**, v. 21, n. 1, p. 5-15, 2009. Disponível em: https://www.scielo.br/pdf/psoc/v21n1/02.pdf. Acesso em: 10 out. 2022.

BRASIL. Ministério da Justiça e Segurança Pública. **Comitê Nacional para os Refugiados (Conare)**. [2023]. Disponível em: https://www.gov.br/mj/pt-br/assuntos/seus-direitos/refugio/institucional. Acesso em: 3 mar. 2024.

BRASIL. **Lei Federal nº 13445, de 24 de maio de 2017**. Lei de Migração. Brasília: 2017.

BRASIL. Ministério da Justiça e Segurança Pública. Comitê Nacional para os Refugiados. **Resolução nº 27, de 31 de outubro de 2018**. Brasília: Diário Oficial da União, 2018a.

BRASIL. Ministério da Justiça e Segurança Pública. Gabinete do Ministro. **Portaria Interministerial nº 12, de 13 de junho de 2018**. Brasília: Diário Oficial da União, 2018b.

BRASIL. Ministério das Relações Exteriores. **Organização dos Estados Americanos (OEA)**, 3 nov. 2022a. Disponível em: https://www.gov.br/mre/pt-br/assuntos/mecanismos-internacionais/mecanismos-de-integracao-regional/organizacao-dos-estados-americanos. Acesso em: 3 mar. 2024.

BRASIL. Supremo Tribunal Federal (STF). **Convenção Americana sobre Direitos Humanos**: anotada com a jurisprudência do Supremo Tribunal Federal e da Corte Interamericana de Direitos Humanos. 2. ed. Brasília: STF, Secretaria de Altos Estudos, Pesquisas e Gestão da Informação, 2022b.

BRASIL. Ministério da Justiça e Segurança Pública. Ministério das Relações Exteriores. **Cartilha Informativa sobre Documentação Reunificação Familiar para Haitianos.** 18 maio 2023a. Disponível em: https://portaldeimigracao.mj.gov.br/pt/destaques-e-novidades/401725-cartilha-informativa-sobre-documentacao-reunificacao-familiar-para-haitianos. Acesso em: 20 set. 2023.

BRASIL. Ministério da Justiça e Segurança Pública. Ministério das Relações Exteriores. Gabinete do Ministro. **Portaria Interministerial nº 38, de 18 de maio de 2023.** Brasília: Diário Oficial da União, 2023b.

BRIGHTWELL, M. das G. S. L.; ASSIS, G. de O.; SILVA, T.; MAGALHÃES, L. F. A.; JIBRIN, M.; SANTOS, F. D. dos. Haitianos em Santa Catarina: trabalho, inclusão social e acolhimento. *In*: BAENINGER, R.; PERES, R.; FERNANDES, D.; SILVA, S. A. da; ASSIS, G. de O.; CASTRO, M. da C. G.; COTINGUIBA, M. P. (org.). **Imigração Haitiana no Brasil.** Jundiaí: Paco Editorial, 2016. p. 487-503.

BRUNER, Jerome. **Atos de Significação.** Tradução de Sandra Costa. Porto Alegre: Artes Médicas, 1997.

BRUNER, Jerome. **Realidade Mental, Mundos Possíveis.** Tradução de Marcos A. G. Domingues. Porto Alegre: Artes Médicas, 1998.

CARNEIRO, Sueli. Mulheres em movimento. **Estudos Avançados**, v. 17, n. 49, p. 117-133, 2003. Disponível em: https://www.revistas.usp.br/eav/article/view/9948. Acesso em: 11 fev. 2024.

CARNEIRO, Sueli. Enegrecer o Feminismo: A Situação da Mulher Negra na América Latina a partir de uma perspectiva de gênero. **NEABI** – Núcleo de Estudos Afro-brasileiro e Indígena. Universidade Católica de Pernambuco. 14 ago. 2020. Disponível em: www.unicap.br/neabi/?page_id=137. Acesso em: 11 fev. 2024.

CARREL, Paul. Haiti enfrenta catástrofe humanitária, diz órgão da ONU. **CNN Brasil**, 14 out. 2022. Disponível em: https://www.cnnbrasil.com.br/internacional/haiti-enfrenta-catastrofe-humanitaria-diz-orgao-da-onu/https://www.cnnbrasil.com.br/internacional/haiti-enfrenta-catastrofe-humanitaria-diz-orgao-da-onu/. Acesso em: 22 out. 2022.

CHADE, Jamil. Carta às Mães Haitianas: o mundo vive um apartheid real. **Uol**, 31 jan. 2023. Disponível em: https://noticias.uol.com.br/colunas/jamil-

-chade/2023/05/14/carta-as-maes-haitianas-o-mundo-vive-um-apartheid-real.htm. Acesso em: 13 abr. 2025.

CHANTLER, Khatidja.; BURNS, Diane. Metodologias Feministas. *In*: SOMEKH, Bridget; LEWIN, Cathy (org.). **Teoria e Métodos de Pesquisa Social**. Tradução de Ricardo A. Rosenbusch. Petrópolis: Vozes, 2015. p. 111-120.

COLLINS, Patricia Hill. Se perdeu da tradução? Feminismo negro, interseccionalidade e política emancipatória. **Parágrafo**, v. 5, n. 1, p. 6-17, jan./jun. 2017.

COLLINS, Patricia Hill. **Pensamento Feminista Negro**: conhecimento, consciência e a política do empoderamento. Tradução de Jamille Pinheiro Dias. 1. ed. São Paulo: Boitempo, 2019.

COLLINS, Patricia Hill. **Bem Mais que Ideias**: a interseccionalidade como teoria social crítica. Tradução de Bruna Barros e Jess Oliveira. São Paulo: Boitempo, 2022.

CORRÊA, Carlos Humberto Pederneiras. **História Oral**: teoria e técnica. Florianópolis: UFSC, 1978.

COSTA, Gabriela M. C.; GUALDA, Dulce M. R. Antropologia, etnografia e narrativa: caminhos que se cruzam na compreensão do processo saúde-doença. **História, Ciências, Saúde**, Manguinhos, Rio de Janeiro, v. 17, n. 4, p. 925-937, out./dez. 2010. Disponível em: https://www.scielo.br/pdf/hcsm/v17n4/05.pdf. Acesso em: 15 ago. 2022.

CRASKE, Nikki. **Women & politics in Latin America**. New Jersey: Rutgers University Press, 1999. Disponível em: https://www.rutgersuniversitypress.org/women-and-politics-in-latin-america/9780813526935/. Acesso em: 20 abr. 2023.

CRENSHAW, Kimberlé. Documento para o encontro de especialistas em aspectos de discriminação racial relativos ao gênero. **Revista Estudos Feministas**, v. 1, n. 1. Florianópolis: UFSC, 2002. p. 171-188.

DAVIS, Ângela. **Mulheres, raça e classe**. São Paulo: Boitempo, 2016.

DI SARNO, Elaine. Dissonância cognitiva pode causar engano e sabotagem mental. **Jornal da USP no Ar**. 1. ed. 11 mar. 2020. Disponível em: https://jornal.usp.br/atualidades/dissonancia-cognitiva-pode-causar-engano-e-sabotagem--mental/. Acesso em: 16 set. 2023.

DIEESE – Departamento Intersindical de Estatística e Estudos Socioeconômicos. **Principais conceitos**. 2018. Disponível em: https://www.dieese.org.br/

analiseped/2018/201810pedbsb/9.html#:~:text=PIA%20%2D%20POPULA%-C3%87%C3%83O%20EM%20IDADE%20ATIVA,da%20PIA%20ocupada%20 ou%20desempregada. Acesso em: 13 fev. 2024.

DW – Made for Minds. Disponível em: https://www.dw.com/pt-br/1944-paris--%C3%A9-libertada-da-ocupa%C3%A7%C3%A3o-nazista/a-320231. Acesso em: 23 fev. 2024.

FLANNERY, Mércia Regina de Santana. Reflexões sobre as abordagens linguísticas para o estudo da narrativa oral. **Letras de Hoje**, Porto Alegre, v. 46, n. 1, p. 112-119, jan./mar. 2011. Disponível em: https://revistaseletronicas.pucrs.br/ojs/index.php/fale/article/view/9256. Acesso em: 10 out. 2022.

FRANCO JÚNIOR, Arnaldo. Operadores de leitura da narrativa. *In*: BONNICI, Thomas; ZOLIN, Lucia Osana (org.). **Teoria literária**: abordagens históricas e tendências contemporâneas. 3. ed. Maringá: Eduem, 2009. p. 33-48.

FRANÇA continental e os departamentos ultramarinos. Disponível em: https://www.gratispng.com/png-h6tfh6/. Acesso em: 11 nov. 2023.

FRAZÃO, Dilva. **Charles de Gaulle. General e político francês**. 27 nov. 2019. Disponível em: https://www.ebiografia.com/charles_gaulle/. Acesso em: 23 fev. 2024.

FROTA, Hidemberg Alves da. O Acolhimento Familiar no Direito Muçulmano. **VLex. Informação Jurídica Inteligente**, n. 1, mar. 2005. Disponível em: https://vlex.com.br/vid/acolhimento-familiar-ccedil-ulmano-221881595. Acesso em: 28 set. 2023.

FUJITA, Camila. Chapecó: estrutura e dinâmica de uma cidade média no oeste catarinense. **Revista Geo Uerj**, ano 15, v. 1, n. 24. Rio de Janeiro: Uerj, 2013. p. 312-338. Disponível em: http://www.e-publicacoes.uerj.br/index.php/geouerj. Acesso em: 13 jul. 2018.

GARCÍA, Marta I. G.; SEDEÑO, Eulalia Pérez. Ciencia, tecnologia y género. **Revista Iberoamericana de Ciencia, Tecnologia, Sociedad y Innovación**, n. 2, jan./abr. 2002.

GARCÍA, Jacobo. Jovenel Moïse, um homem cercado de inimigos dentro e fora do Haiti. **El País**, 7 jul. 2021. Disponível em: https://brasil.elpais.com/internacional/2021-07-07/jovenel-moise-um-homem-cercado-de-inimigos-dentro--e-fora-do-haiti.html. Acesso em: 18 mar. 2022.

GIL, Antonio Carlos. **Métodos e Técnicas de Pesquisa Social**. 7. ed. São Paulo: Atlas, 2019.

GILL, Scherto; GOODSON, Ivor. Métodos de história de vida e narrativa. *In*: SOMEKH, Bridget; LEWIN, Cathy (org.). **Teoria e Métodos de Pesquisa Social**. Tradução de Ricardo A. Rosenbusch. Petrópolis: Vozes, 2015. p. 215-224.

GODINHO, Tatau; SILVEIRA, Maria Lúcia (org.). **Políticas públicas e igualdade de gênero**. São Paulo: Coordenadoria Especial da Mulher, 2004. 188 p. (Cadernos da Coordenadoria Especial da Mulher, 8).

GONZALEZ, Lélia. A categoria político-cultural de amefricanidade. **Tempo Brasileiro**, Rio de Janeiro, n. 92/93, jan./jun. 1988. Disponível em: https://institutoodara.org.br/wp-content/uploads/2019/09/a-categoria-polc3adtico-cultural-de-amefricanidade-lelia-gonzales1.pdf. Acesso em: 17 mar. 2024.

GONZALEZ, Lélia. **Por um Feminismo Afro-Latino-Americano**: Ensaios, Intervenções e Diálogos. Rio Janeiro: Zahar, 2020. 375 p. Disponível em: https://www.scielo.br/j/mana/a/8dCkDDv4wgsRGP9YJv9dnsK/#. Acesso em: 17 mar. 2024.

GRUPOS criminosos usam violência sexual para aterrorizar população no Haiti. **Exame**, 14 out. 2022. Disponível em: https://exame.com/mundo/grupos-criminosos-usam-violencia-sexual-para-aterrorizar-populacao-no-haiti-alerta-onu/. Acesso em: 22 nov. 2022.

GUIA TRABALHISTA. Salário Mínimo - Tabela dos Valores Nominais. Disponível em: https://www.guiatrabalhista.com.br/guia/salario_minimo.htm. Acesso em: 13 fev. 2024.

HARDING, Sandra. **Ciencia y Feminismo**. Madrid: Ediciones Morata, 1996. p. 15-27.

HIRATA, Helena; KERGOAT, Daniele. Novas configurações da divisão sexual de trabalho. **Cadernos de Pesquisa**, v. 37, n. 132, p. 595-609, 2007. Disponível em: https://www.scielo.br/j/cp/a/cCztcWVvvtWGDvFqRmdsBWQ/?format=pdf&lang=pt. Acesso em: 26 abr. 2023.

hooks, bell. **Talking back**: thinking feminist, thinking black. Boston: South End, 1989.

HU, Caitlin; DUPAI, Etant. "Não Vamos Ficar Aqui para Sempre", diz ONU sobre o Haiti. **CNN Brasil**, 16 set. 2022. Disponível em: https://www.cnnbrasil.com.

br/internacional/nao-vamos-ficar-aqui-para-sempre-diz-onu-sobre-o-haiti/. Acesso em: 22 nov. 2022.

JOSEPH, Handerson; JOSEPH, Rose-Myrlie. As Relações de Gênero, de Classe e de Raça: mulheres migrantes haitianas na França e no Brasil. **Revista de Estudos e Pesquisas sobre as Américas**, v. 9, n. 2, 2015. Disponível em: https://periodicos.unb.br/index.php/repam/article/view/16039. Acesso em: 3 mar. 2019.

JOSEPH, Handerson. Racismo. *In*: CAVALCANTI, Leonardo *et al.* (org.). **Dicionário Crítico de Migrações Internacionais**. Brasília: Editora Universidade de Brasília, 2017. p. 593-598.

JOSEPH, Handerson; BERSANI, Ana Elisa. Apresentação: o Brasil e a diáspora haitiana. *In*: Dossiê Dinâmicas Migratórias Haitianas no Brasil: desafios e contribuições. Temáticas: **Revista dos pós-graduandos em Ciências Sociais da Unicamp**, v. 25, n. 49/50. Campinas: Unicamp/IFCH, 2017.

JOSEPH, Handerson. Cor de dinâmicas raciais nas migrações internacionais no Brasil: configurações de desigualdades e horizontes de possibilidades. *In*: CAVALCANTI, Leonardo; OLIVEIRA, Tadeu de; SILVA, Sara F. Lemos (org.). **Relatório Anual OBMigra 2023 – OBMigra 10 anos**: pesquisa, dados e contribuições para políticas. Série Migrações. Brasília: OBMigra, 2023. p 152-172.

JOVCHELOVITCH, Sandra; BAUER, Martin. W. Entrevista narrativa. *In*: BAUER, M. W.; GASKELL, G. (org.). **Pesquisa qualitativa com texto, imagem e som**: um manual prático. Tradução de Pedrinho A. Guareschi. 7. ed. Petrópolis: Vozes, 2008. p. 90-113.

KABEER, Naila. **Realidades trastocadas, las jerarquías de género en el pensamiento del desarrollo**. México: Paidós/UNAM, 1998.

KLEIN, Carin; MEYER, Dagmar Estermann; BORGES, Zulmira Newlands. Políticas de inclusão social no Brasil contemporâneo e educação da maternidade. **Cadernos de Pesquisa**, v. 43, n. 150, p. 906-923, set./dez. 2013.

KOMARCHESQUI, Bruna. Saques, Estupros e Assassinatos: Haiti vê escalada na violência e teme guerra civil. **Gazeta do Povo**, 29 abr. 2022. Disponível em: https://www.gazetadopovo.com.br/mundo/saques-estupros-e-assassinatos--haiti-ve-escalada-na-violencia-e-teme-guerra-civil/. Acesso em: 22 nov. 2022.

LABOV, William. Alguns passos iniciais na análise da narrativa. **The Journal of Narrative and Life History**, v. 7, 1997. Tradução de Waldemar Ferreira Netto.

Disponível em: https://www.academia.edu/4598767/LABOV_William_Alguns_passos_iniciais_na_an%C3%A1lise_da_narrativa. Acesso em: 5 nov. 2022.

LAGARDE, Marcela. **Género y feminismo**. Desarrollo humano y democracia. Madrid: Horas y Horas La Editorial, 1996.

LEFF, Enrique. Complexidade, interdisciplinaridade e saber ambiental. *In*: PHILIPPI, Arlindo. (org.). **Interdisciplinaridade em Ciências Ambientais**. São Paulo: Signus Editora, 2000. p. 19-51.

LE JOURNAL 2L'ÁFRIQUE. Disponível em: /https://afriquechronique.com/pt/O--acordo-franco-argelino-de-1968-est%C3%A1-suspenso%3F/. Acesso em: 3 mar. 2024.

LIMA, Mario Jorge Philocreon de Castro; SODRÉ, Edyleno Italo Santos. A Nova Lei de Migração e os Tratados Internacionais de Direitos Humanos das Américas como Meios de Proteção da Dignidade Humana de Migrantes no Brasil. **Revista da Faculdade de Direito da Universidade Federal da Bahia**, v. 43, n. 1, 2022. Disponível em: https://periodicos.ufba.br/index.php/RDU/article/view/51907. Acesso em: 8 set. 2023.

LISBOA, Teresa Kleba. **Gênero, Classe e Etnia**: trajetórias de vida de mulheres migrantes. Chapecó: Argos, 2003.

LISBOA, Teresa Kleba. Fluxos migratórios de mulheres para o trabalho reprodutivo: a globalização da assistência. **Revista Estudos Feministas**, Florianópolis, set./dez. 2007. Disponível em: https://www.scielo.br/j/ref/a/FZsx5PcP9vfX6z-zpBsF4r9v/?format=pdf&lang=pt. Acesso em: 23 abr. 2019.

LISBOA, Teresa Kleba; BORBA, Fernanda Ely Borba. Feminização das migrações haitianas, transnacionalização dos vínculos familiares e processos de violências: apontamentos para o Serviço Social. **Revista Gênero**, Niterói, v. 22, n. 2, 1 sem. 2022.

LOVO, Ivana Cristina; MENDES, Mariuze Dunajski; TYBUSCH, Jerônimo Siqueira. A construção da interdisciplinaridade: a área sociedade e meio ambiente do PPGICH/UFSC. *In*: RIAL, Carmen; TOMIELLO, Naira; RAFAELLI, Rafael (org.). **A Aventura Interdisciplinar**: quinze anos do PPGICH/UFSC. Blumenau: Nova Letra, 2010. p. 110-111.

LUGONES, María. Colonialidad y Género. **Tabula Rasa**, Bogotá, n. 9, p. 73-102, Dec. 2008. Available from: http://www.scielo.org.co/scielo.php?script=sci_arttext&pid=S1794-24892008000200006&lng=en&nrm=iso. Access: 28 jun. 2023.

LUGONES, María. Rumo a um feminismo descolonial. **Revista Estudos Feministas**, v. 22, n. 3, p. 935-952, set. 2014. Disponível em: https://www.scielo.br/j/ref/a/QtnBjL64Xvssn9F6FHJqnzb#. Acesso em: 23 jun. 2023.

MAGALHÃES, Luis Felipe A.; BAENINGER, Rosana. Imigração haitiana no Brasil e remessas para o Haiti. *In*: BAENINGER, R.; PERES, R.; FERNANDES, D.; SILVA, S. A. da; ASSIS, G. de O.; CASTRO, M. da C. G.; COTINGUIBA, M. P. (org.). **Imigração Haitiana no Brasil**. Jundiaí: Paco Editorial, 2016. p. 229-251.

MAGALHÃES, Luis Felipe A.; BAENINGER, Rosana. **Imigração Haitiana no Estado de Santa Catarina**: fases do fluxo, contradições laborais e dependência de remessas no Haiti. Campinas, SP: Unicamp, 2017.

MAMED, Letícia; LIMA, Eurenice. Oliveira de. Movimento de trabalhadores haitianos para o Brasil nos últimos cinco anos: a rota de acesso pela Amazônia Sul ocidental e o acampamento público de imigrantes do Acre. *In*: BAENINGER, Rosana; PERES, Roberta; FERNANDES, Duval; SILVA, Sidney Antonio da; ASSIS, Gláucia de Oliveira; CASTRO, Maria da Consolação G.; COTINGUIBA, Marília Pimentel (org.). **Imigração Haitiana no Brasil**. Jundiaí: Paco Editorial, 2016. p. 113-171.

MAPA POLÍTICO DO HAITI. Disponível em: https://www.researchgate.net/figure/Figura-38-Mapa-do-Haiti-com-destaque-para-os-departamentos-e-suas-capitais_fig5_359335666. Acesso em: 25 jul. 2024.

MAPA DA ILHA ESPANIOLA. Disponível em: https://www.bbc.com/portuguese/internacional-61388826. Acesso em: 10 maio 2024

MARCO, Daniel García. O polêmico 'muro' que divide dois países em ilha do Caribe. **BBC News Brasil**, 10 maio 2022. Disponível em: https://www.bbc.com/portuguese/internacional-61388826. Acesso em: 15 abr. 2024.

MARTUSCELLI, Patrícia Nabuco. Refugiados têm direito, mas não conseguem trazer família para o Brasil. **Boletim MigraMundo**, 23 dez. 2019. Disponível em: https://www.migramundo.com/refugiados-tem-direito-mas-nao-conseguem-trazer-familia-para-o-brasil/. Acesso em: 10 jan. 2020.

MAX, Altman. Hoje na História: 1940 - França dá início ao regime colaboracionista de Vichy. **Uol**, Opera Mundi, 10 jul. 2022. Disponível em: https://operamundi.uol.com.br/hoje-na-historia/29909/hoje-na-historia-1940-franca-da-inicio--ao-regime-colaboracionista-de-vichy. Acesso em: 23 fev. 2024.

MEJÍA, Margarita Gaviria; BORTOLI, Jaqueline de; LAPPE, Emeli. Papel das mulheres migrantes nos projetos familiares que mobilizam a imigração haitiana para o Brasil. *In*: ANAIS DO IV SIMPÓSIO INTERNACIONAL DIÁLOGOS NA CONTEMPORANEIDADE: TECNOCIÊNCIA, HUMANISMO E SOCIEDADE, 2015, Lajeado. **Anais** [...]. Lajeado: Univates, 2015. p. 154-159.

MEJÍA, Margarita Gaviria; CAZAROTTO, Rosmari Terezinha O papel das mulheres imigrantes na família transnacional que mobiliza a migração haitiana no Brasil. **Repocs** – Revista Pós Ciências Sociais, v. 14, n. 27. Maranhão: Edufma, jan./jun. 2017, p. 171-190. Disponível em: http://www.periodicoseletronicos.ufma.br/index.php/rpcsoc/article/view/6452. Acesso em: 19 mar. 2018.

MIES, Maria. ¿Investigación sobre las mujeres o investigación feminista? El debate em torno da ciencia y la metodología feministas. *In*: BARTRA, E. (org.). **Debates em torno a uma metodologia feminista**. Tradução de Glória Elena Bernal. 2. ed. México: UNAM, 2002. p. 63-102.

MIGNOLO, Walter D. Desobediência epistêmica: a opção descolonial e o significado de identidade em política. Tradução de Ângela Lopes Norte. **Cadernos de Letras da UFF**. Dossiê: Literatura, língua e identidade. n. 34, 2008. p. 287-324. Disponível em: https://edisciplinas.usp.br/pluginfile.php/4251728/mod_resource/content/0/op%C3%A7%C3%A3o%20descolonial%20walter%20mignolo.pdf. Acesso em: 24 abr. 2019.

MINAYO, Maria Cecília de S. A violência social sob a perspectiva da saúde pública. **Cadernos de Saúde Pública**, n. 10, p. 7-18, suplemento 1, 1994.

MINAYO, Maria Cecília de S. (org.). **Pesquisa Social**: teoria, método e criatividade. 17. ed. Petrópolis: Vozes, 2000.

MINISTÉRIO DA JUSTIÇA E SEGURANÇA PÚBLICA. Portal de Imigração Laboral. Cartilha Informativa sobre Documentação Reunificação Familiar para Haitianos. Disponível em: https://portaldeimigracao.mj.gov.br/pt/destaques-e-novidades/401725-cartilha-informativa-sobre-documentacao-reunificacao-familiar-para--haitianos. Acesso em: 6 out. 2023.

MOURA, Jónata Ferreira de; NACARATO, Adair Mendes. A entrevista narrativa: dispositivo de produção e análise de dados sobre trajetórias de professoras. **Cadernos de Pesquisa**, São Luiz, v. 24, n. 1, jan./abr. 2017. Disponível em: http://www.periodicoseletronicos.ufma.br/index.php/cadernosdepesquisa/article/view/6801. Acesso em: 18 set. 2023.

MUNANGA, Kabengele. **Uma abordagem conceitual das noções de raça, racismo, identidade e etnia**. Niterói: EDUFF, 2004.

NÚMERO de mortos por terremoto no Haiti passa de 2100; país registra novo abalo. **G1**, 19 ago. 2021. Disponível em: https://g1.globo.com/mundo/noticia/2021/08/19/numero-de-mortos-por-terremoto-no-haiti-passa-de-2100-pais-registra-novo-abalo.ghtml. Acesso em: 18 mar. 2022.

OFII – Office Français de L'immigration et de L'Integration. **Regroupement familial**. Disponível em: https://www.ofii.fr/. Acesso em: 20 jun. 2023.

OIM – Organização Internacional das Migrações. **Dados e Informações**. Disponível em: https://brazil.iom.int/pt-br/dados-e-informacoes. Acesso em: 3 mar. 2024.

OLIVEIRA, Marcia Maria de; SILVA, Elias Oliveira da. Migração haitiana na Amazônia à luz dos estudos de gênero. *In*: BAENINGER, Rosana; PERES, Roberta; FERNANDES, Duval; SILVA, Sidney Antonio da; ASSIS, Gláucia de Oliveira; CASTRO, Maria da Consolação G.; COTINGUIBA, Marília Pimentel (org.). **Imigração Haitiana no Brasil**. Jundiaí: Paco Editorial, 2016. p. 287-315.

OLIVEIRA, Valéria Marques de; SATRIANO, Cecilia Raquel; SILVA, Edneusa Lima. Análise narrativa dialógica emancipatória em diálogo com análise narrativa, de conteúdo e de discurso. **Revista Valore**, Volta Redonda, Edição Especial, n. 5, p. 5-21, 2019. Disponível em: https://revistavalore.emnuvens.com.br/valore/article/view/398. Acesso em: 8 set. 2023.

OLIVEIRA, Ana Ximenes Gomes de. **Gênero e Maternidade Política em Literaturas Africanas**: um estudo sobre Ventos do Apocalipse e Hibisco Roxo. 2020 Tese (Doutorado em Letras) – Universidade Federal da Paraíba, Paraíba, mar. 2020.

ONU pede "ação imediata" para evitar tragédia no Haiti. **ONU News**, 3 nov. 2022. Disponível em: https://news.un.org/pt/story/2022/11/1804802. Acesso em: 22 nov. 2022.

O QUE fazer com os imigrantes do Haiti? O Brasil recebe cada vez mais haitianos que fogem da devastação após o terremoto. A lei não permite que eles sejam acolhidos como refugiados. Disponível em: http://docs.ufpr.br. Acesso em: 13 ago. 2023

OYEWÙMÍ, Oyéronké. Conceituando o gênero: os fundamentos eurocêntricos dos conceitos feministas e o desafio das epistemologias africanas. Tradução de Juliana Araújo Lopes. CODESRIA Gender Series. Volume 1, Dakar, CODESRIA, 2004, pp. 1-8

OYEWÙMÍ, Oyéronké. Matripotência: Iyá nos conceitos filosóficos e instituições sociopolíticas [Iorubás]. Tradução de Wanderson Flor do Nascimento. OYEWÙMÍ, Oyéronké. **Matripotency**: Iyá in philosophical concepts and sociopolitical institutions. What Gender is Motherwood? Nova York: Palgrave Macmillan, 2016. p. 57-92.

OYEWÙMÍ, Oyéronké. **A Invenção das Mulheres**: construindo um sentido africano para os discursos ocidentais de gênero. Tradução de Wanderson Flor do Nascimento. 1. ed. Rio de Janeiro: Bazar do Tempo, 2021.

PAGNAN, Celso Leopoldo. Estruturalismo e Narrativa. **Revista de Ensino, Educação e Ciências Humanas**, Londrina, v. 8, n. 1, p. 65-74, jun. 2007. Disponível em: https://revista.pgsskroton.com/index.php/ensino/article/view/1054. Acesso em: 12 set. 2023.

PAIVA, Vera Lúcia Menezes de Oliveira e. A pesquisa narrativa: uma introdução. **Revista Brasileira de Linguística Aplicada**, v. 8, n. 2. Belo Horizonte: UFMG, jul.-dez. 2008. Disponível em: https://www.scielo.br/pdf/rbla/v8n2/01.pdf. Acesso em: 13 ago. 2023.

PARIS, Sophia. **ONU marca 13 anos de terremoto que arrasou Haiti**. ONU News, 12 jan. 2023. Disponível em: https://news.un.org/pt/story/2023/01/1807987. Acesso em: 22 abr. 2024.

PARIS não se acaba nunca: berço das revoluções, das artes e da primavera. **Uol**, Midiamax, 23 nov. 2016. Disponível em: https://midiamax.uol.com.br/variedades/2016/paris-nao-se-acaba-nunca-berco-das-revolucoes-das-artes-e-da-primavera/. Acesso em: 26 jun. 2024.

PARKER, Laurence; ROBERTS, Lorna Teoria crítica da raça e seu uso na pesquisa em Ciências Sociais. *In*: SOMEKH, Bridget; LEWIN, Cathy (org.). **Teoria e Métodos de Pesquisa Social**. Tradução de Ricardo A. Rosenbusch. Petrópolis: Vozes, 2015.

PAÚL, Fernanda. Terremoto no Haiti: estamos abandonados, e o povo está desesperado por comida, por alguma ajuda. **BBC News**, 19 ago. 2021. Disponível em: https://www.bbc.com/portuguese/internacional-58267614. Acesso em: 18 mar. 2022.

PERES, Roberta Guimarães. Imigração e gênero: as mulheres haitianas no Brasil. *In*: BAENINGER, Rosana; PERES, Roberta; FERNANDES, Duval; SILVA, Sidney Antonio da; ASSIS, Gláucia de Oliveira; CASTRO, Maria da Consolação G.; COTINGUIBA, Marília Pimentel (org.). **Imigração Haitiana no Brasil**. Jundiaí: Paco Editorial, 2016.

PERES, Roberta Guimarães; BAENINGER, Rosana. Mulheres Latino-Americanas e Haitianas no Brasil: perfil na imigração internacional. *In*: VII CONGRESSO DE LA ASOCIACIÓN LATINOAMERICANA DE POBLACIÓN E XX ENCONTRO NACIONAL DE ESTUDOS POPULACIONAIS, 2016, Foz do Iguaçu. **Anais** [...]. Foz do Iguaçu, PR: [*s. n.*], 2016. Disponível em: http://www.abep.org.br/publicacoes/index.php/anais/article/view/2681. Acesso em: 18 mar. 2022.

PIOVEZANA, Leonel; BORDIGNON, Sandra de Ávila Farias; BERNARTT, Maria de Lourdes; GIACOMINI, Taíze. Movimento migratório no sul do Brasil: o caso dos haitianos na região oeste catarinense. *In:* VI SIMPÓSIO NACIONAL DE CIÊNCIA, TECNOLOGIA E SOCIEDADE, 2015, Rio de Janeiro. **Anais** [...]. Rio de Janeiro: Editora da UFRJ, 2015. v. 1. p. 223-234.

PISCITELLI, Adriana. Interseccionalidades, categorias de articulação e experiências de migrantes brasileiras. **Sociedade e Cultura**, v. 11, n. 2, p. 263-274, jul./dez. 2008. Disponível em: https://revistas.ufg.br/fcs/article/view/5247. Acesso em: 9 fev. 2024.

PNUD – Programa das Nações Unidas para o Desenvolvimento. **O que é o IDH**. Disponível em: https://www.undp.org/pt/brazil/o-que-e-o-idh. Acesso em: 25 maio 2024.

PONS CARDOSO, Cláudia. Amefricanizando o feminismo: o pensamento de Lélia Gonzalez. **Revista de Estudos Feministas**, Florianópolis, v. 22, n. 3, set./dez. 2014. Disponível em: https://www.scielo.br/j/ref/a/TJMLC74qwb37tnWV-9JknbkK/. Acesso em: 11 fev. 2024.

QUIJANO, Anibal. Colonialidade do poder, Eurocentrismo e América Latina. *In*: QUIJANO, Anibal. **A colonialidade do saber**: eurocentrismo e ciências sociais. Perspectivas latino-americanas. Buenos Aires: CLACSO, 2005.

RAMOS, Maria Natália. Migração, maternidade e saúde. **Repertório**, Salvador, n. 18, p. 84-93, 2012.

RAMOS, Maria Natália. Gênero, identidade e maternidade na diáspora. *In*: SIMA, M. R. N. (org.). A vez e a voz da mulher: relações e migrações. VI CONGRESSO INTERNACIONAL, 2014, Ponta Delgada. **Anais** [...]. Ponta Delgada, PT: [s. n.], 2014.

REINHARZ, Shulamit. **Feminist Methods in Social Research**. Oxford: University Press, 1992.

REIS, Diego dos Santos. **Enciclopédia de Antropologia FFLCH**, 13 jul. 2022. Disponível em: https://ea.fflch.usp.br/autor/beatriz-nascimento. Acesso em: 21 fev. 2024.

RICOEUR, Paul. Entre Tempo e Narrativa: concordância/discordância. Tradução de João Batista Botton. **Kriterion** – Revista de Filosofia, Belo Horizonte, n. 125, p. 299-310, jun. 2012. Disponível em: https://www.scielo.br/pdf/kr/v53n125/15.pdf. Acesso em: 16 set. 2023.

ROCHA-COUTINHO, Maria Lúcia. A narrativa oral, a análise de discurso e os estudos de gênero. **Estudos de Psicologia**, Natal, v. 11, n. 1, p. 65-69, 2006. Disponível em: https://www.scielo.br/pdf/epsic/v11n1/08.pdf. Acesso em: 22 ago. 2023.

ROMAN, Darlan José; MATOS, Izabella Barison (org.). **Imigração Haitiana**: perfil, ambientação social e organizacional no oeste catarinense, política migratória e aspectos da história do Haiti. Joaçaba: Editora Unoesc, 2018. Disponível em: https://www.unoesc.edu.br/images/uploads/editora/Miolo_mestradoADM_web.pdf. Acesso em: 5 mar. 2019.

ROSA, Renata de Melo. Xenofobia. *In*: CAVALCANTI, Leonardo *et al.* (org.). **Dicionário Crítico de Migrações Internacionais**. Brasília: Editora Universidade de Brasília, 2017. p. 726-32.

SALGADO, Martha Patricia Castañeda. **Metodología de la Investigación Feminista**. Centro de Investigaciónes Interdisciplinares en Ciencias y Humanidades (CEIIHC) de la Universidad Autonoma de México (UNAM). México: Fundação Guatemala, 2008.

SASSEN, Saskia. **Contrageografias de la globalización gênero e cidadania nos circuitos fronteiriços**. Madri: Traficantes de Sueños, 2003.

SCHÜTZE, Fritz. Análise sociológica e linguística de narrativas. **Civitas** – Revista de Ciências Sociais, v. 14, n. 2. Porto Alegre: PUC-RS, maio-ago. 2014. p. 11-52.

Disponível em: https://revistaseletronicas.pucrs.br/ojs/index.php/civitas/article/view/17117. Acesso em: 19 set. 2023.

SILVA, Sidney Antonio da. A imigração haitiana e os paradoxos do visto humanitário. *In*: BAENINGER, Rosana; PERES, Roberta; FERNANDES, Duval; SILVA, Sidney Antonio da; ASSIS, Gláucia de Oliveira; CASTRO, Maria da Consolação G.; COTINGUIBA, Marília Pimentel (org.). **Imigração Haitiana no Brasil**. Jundiaí: Paco Editorial, 2016.

SILVA, Karine de Souza; AMORIM, Luísa Milioli de. Migração haitiana e apatridia na República Dominicana: intersecções entre racismo e colonialidade. **Revista da Faculdade de Direito – UFPR**, Curitiba, v. 64, n. 2, p. 9-35, maio/ago. 2019. Disponível em: https://revistas.ufpr.br/direito/article/view/62391. Acesso em: 13 maio 2024.

STEGEMANN, Michael. 1944: Paris é libertada da ocupação nazista. **DW**, 25 ago. 2022. Disponível em: https://www.dw.com/pt-br/1944-paris-%C3%A9-libertada-da-ocupa%C3%A7%C3%A3o-nazista/a-320231.Acesso em: 23 fev. 2024.

TREZZI, Humberto. Especialista em Haiti alerta para falcatruas que exploram o drama dos refugiados. **GZH**, 11 out. 2020. Disponível em: https://gauchazh.clicrbs.com.br/seguranca/noticia/2022/10/especialista-em-haiti-alerta-para-falcatruas-que-exploram-o-drama-dos-refugiados-cl94jf0op009v013pge8qk4sy.html. Acesso em: 3 maio 2024.

VEIGA, Edson. Quem foi Luiz, figura-chave no movimento abolicionista brasileiro. **BBC Brasil**, 13 fev. 2024. Disponível em: https://www.bbc.com/portuguese/articles/cd1wxx9e735o. Acesso em: 21 fev. 2024.

VINUTO, Juliana. A amostragem em bola de neve na pesquisa qualitativa: um debate em aberto. **Revista Temáticas**, Campinas, n. 22, p. 203-220, ago./dez. 2014.

WERNECK, Jurema Racismo institucional e saúde da população negra. **Saúde e Sociedade**, São Paulo, v. 25, n. 3, p. 535-549, 2016.

ZENI, Keline; FILLIPIN, Eliane Salete. Migração haitiana para o Brasil: acolhimento e políticas públicas. **Revista Pretexto**, Belo Horizonte, v. 15, n. 2, p. 11-27, 2014.